KB219554

기본 응용
크로매틱 하모니카
교본

*Basic Application Chromatic Harmonica Textbook*

# 기본 응용
# 크로매틱 하모니카 교본

신경재 신주연 공저

**연주용 44곡 수록**

피아노 반주 또는 오케스트라 반주 포함

## 저자 소개

### 하모니카 신경재 프로필

- 경북대학교 건축공학과 명예교수
- 한국강구조학회 회장 역임
- (주)인터이앤씨 대표/ 좋은구조안전 대표
- 건축구조기술사, PhD
- 대덕오케스트라 단장 역임 (1st 바이올린)
- 대덕오케스트라 고문
- 기본주법완성 크로매틱 하모니카 교본 (도쿠나가 노부오 저) 번역서 출간

연락처: kyungjshin@gmail.com, 010-8802-0246

### 피아노 Judy Shin(신주연) 프로필

- Berklee College of Music 학사 졸업 (2014)
- Berklee Valencia 석사 졸업 (2016)
- 싱글 [Pink Sky], 앨범 [Hope is Born], EP [Where My Colors Bloomed] 발매
- 앨범 [Iwiye] 및 국내/외 다수 싱글, EP 세션 참여

## 『기본 응용 크로매틱 하모니카 교본』 출판에 앞서...

'기본 응용 크로매틱 하모니카 교본'은 하모니카를 연주해 보고 싶은 일반인을 위해 발간한 것입니다.

저자는 2010년에 도쿠나가 노부오(徳永延生) 선생의『기본주법완성 크로매틱 하모니카 교본』을 번역본으로 출간했습니다. 그 책은 어렵고 고급 연주자나 하모니카 전공자에게 좋은 책입니다. 수록곡 중에 한국 곡이 없고 다소 어려운 곡들이 수록되어 있다 보니 독자들로부터 책이 어렵다는 이야기를 많이 듣고 조금 더 쉬운 교본이 필요하다는 생각이 들어서 이 책을 발간하게 되었습니다.

Part 1에서는 크로매틱 하모니카 주법 설명으로 제가 하모니카를 20여 년 공부해 오면서 생각했던 여러 교습방법을 제 나름대로 정리한 것입니다. 막상 내용을 정리하고 보니 예상보다 어렵지 않은가 조금 염려됩니다.

Part 2에서는 연주곡 44곡을 수록하였습니다. 가벼운 동요부터 가요, 팝송, 클래식 곡 등 다양하게 담았습니다. 모든 곡에는 악보와 병행하는 반주가 포함되어 있으며(QR코드 참조) 반주를 이용하여 공연에 활용할 수 있습니다. 크로매틱 하모니카뿐만 아니라 다른 악기연주에도 활용할 수 있습니다.

Part 3에서는 스케일과 테크닉을 위한 악보가 수록되어 있습니다. 여러 조성의 스케일 연습과 테크닉 발전을 위한 악보이므로 꾸준히 연습하시면 연주력 향상에 많은 도움이 되리라 생각됩니다.

악보 편집과 반주를 만든 저의 예쁜 조카 신주연 님께 깊은 감사를 드립니다. 크로매틱 하모니카를 위한 악보를 만들고 세밀한 편집 및  교정을 해주신 이은경 님께도 감사를 드립니다.

2025년 2월

신 경 재

목차



## Part 1 크로매틱 주법 교본

## Part 2 연주곡

## Part 3 스케일과 테크닉

<표>



<그림>

Part 1

# 크로매틱 주법 교본

# 1

# 하모니카의 종류 및 음역

## 1) 하모니카의 역사

하모니카는 아코디온의 발명가로도 알려진 크리스천 부시만(Christian Friedrich Ludwig Buschmann)이라는 독일 악기 제작자가 발명했다고 알려져 있지만, 그 당시에 입으로 부는 리드가 달린 하모니카의 초기 모델이 많이 만들어졌기 때문에 정확하지는 않다. 오히려 더 거슬러 올라가면 고대 동아시아 악기인 '쉥(笙, Sheng)'이 하모니카의 원류로 풍금, 아코디온과 같은 리드악기가 만들어졌다고 한다. 오늘날과 같이 널리 사용되는 하모니카의 형태는 1857년 마티아스 호너(Matthias Hohner)가 하모니카를 대량 생산하면서 유럽뿐 아니라 미국, 아시아 등 전 세계에 전파되고 인기를 얻었다. 독일의 호너사는 유명 브랜드로 지금까지 하모니카를 생산하고 있다. 그 외 일본의 톰보, 스즈키, 한국의 미화, 중국 등에서 하모니카를 생산하고 있다. 1924년에는 호너사에서 크로매틱 하모니카를 발명하여, 대중음악, 재즈 클래식 연주에 많이 사용되고 있다.

## 2) 하모니카의 종류

하모니카는 종류는 그림 1-1과 같이 트레몰로 하모니카, 크로매틱 하모니카, 다이아토닉 하모니카, 코드 하모니카, 베이스 하모니카, 특수 하모니카 등 여러 가지가 있다.

그림 1-1 다양한 하모니카들

### (1) 트레몰로 (복음) 하모니카

트레몰로 하모니카는 그림 1-2(a)와 같다. 한 구멍에서 한 음이 나고 위와 아래 두 개의 리드가 동시에 울려서 소리를 낸다. 두 개의 리드의 미소한 음정의 차이로 인해 맥놀이 현상이 발생하는데, 트레몰로(Tremolo) 하모니카는 이를 이용하여 트레몰로(떨리는) 소리를 낸다. 트레몰로 하모니카 한 개로는 피아노의 흰 건반에 해당되는 온음 스케일의 연주만 가능하다. 반음을 내려면 원래의 조(예: C조) 위에 반음 높은 조(예 C#조)의 악기를 위에 얹어서 피아노의 검은 건반에 해당하는 반음을 낼 수 있다. 베이스 주법, 분산화음 주법 등 여러 주법을 이용한 다양한

그림 1-2(a) 트레몰로 하모니카

연주가 가능하다. 메이저 하모니카와 마이너 하모니카로 구분되어 생산된다. 조표가 붙은 음악도 C키와 C#키의 2개 악기로 연주가 가능하다. 그러나 조에 맞는 조별 악기로 바꾸어 연주하는 것이 베이스 주법이나 분산화음 주법의 구사가 편리하기 때문에 조별로 악기를 소장하는 경우가 많다.

### (2) 다이아토닉 하모니카

다이아토닉 하모니카는 그림 1-2(b)와 같다. 다이아토닉(Diatonic)이란 '온음계'라는 뜻으로 리드의 배치가 온음만 연주하도록 제작된 하모니카이다. 블루스 음악에 많이 사용되어 '블루스 하모니카'라고 불리기도 하고, 10개의 구멍으로 제작되어 '텐홀 하모니카'라고도 한다. 10개의 홀에 들숨과 날숨의 20개의 리드가 배치되어 일부 없는 온음들이 있지만 '벤딩(Bending)과 오버블로우(Over blow)'라는 주법을 이용하여 일부 없는 온음은 물론 반음도 낼 수 있다. 상기 주법을 익혀서 연주에 이용하려면 상당한 훈련이 필요하다. 다이아토닉 하모니카도 조별로 생산되므로 각 조별의 악기가 필요하다.

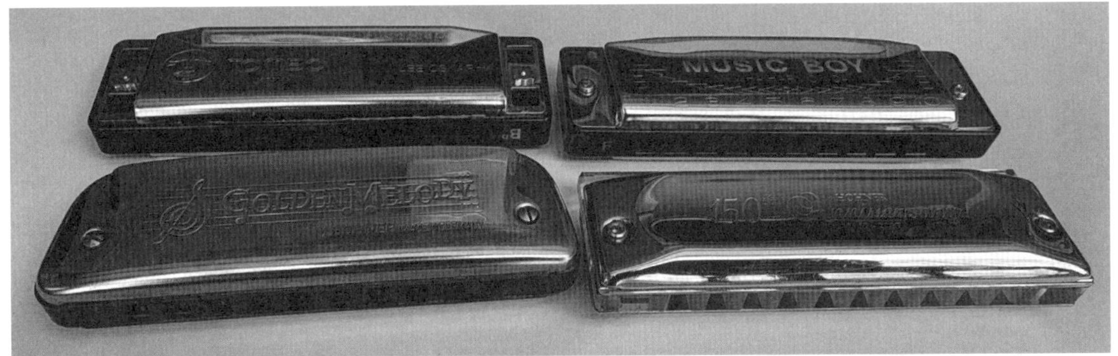


그림 1-2(b) 다이아토닉 하모니카

### (3) 크로매틱 하모니카

크로매틱 하모니카는 그림 1-2(c)와 같다. 크로매틱(Cromatic)이란 '반음계'라는 뜻으로 모든 반음계 스케일의 연주가 가능한 하모니카이다. 한 구멍에 네 개의 리드가 들어 있고 버튼을 이용하여 모든 반음을 연주할 수 있는 하모니카이다. 버튼을 누르지 않으면 피아노의 흰 건반에 해당하는 온음이 나고, 버튼을 누르면 모든 리드에 반음이 올라가서 검은 건반에 해당하는 음이 나온다. 크로매틱 하모니카는 밸브(호흡량 줄여주는 Wind Saver 라고도 함)가 달려 있어서 음을 길게 낼 수 있게 해 준다. 밸브로 인해 호흡량이 적어서 초보자들은 호흡에 어려움을 느끼기도

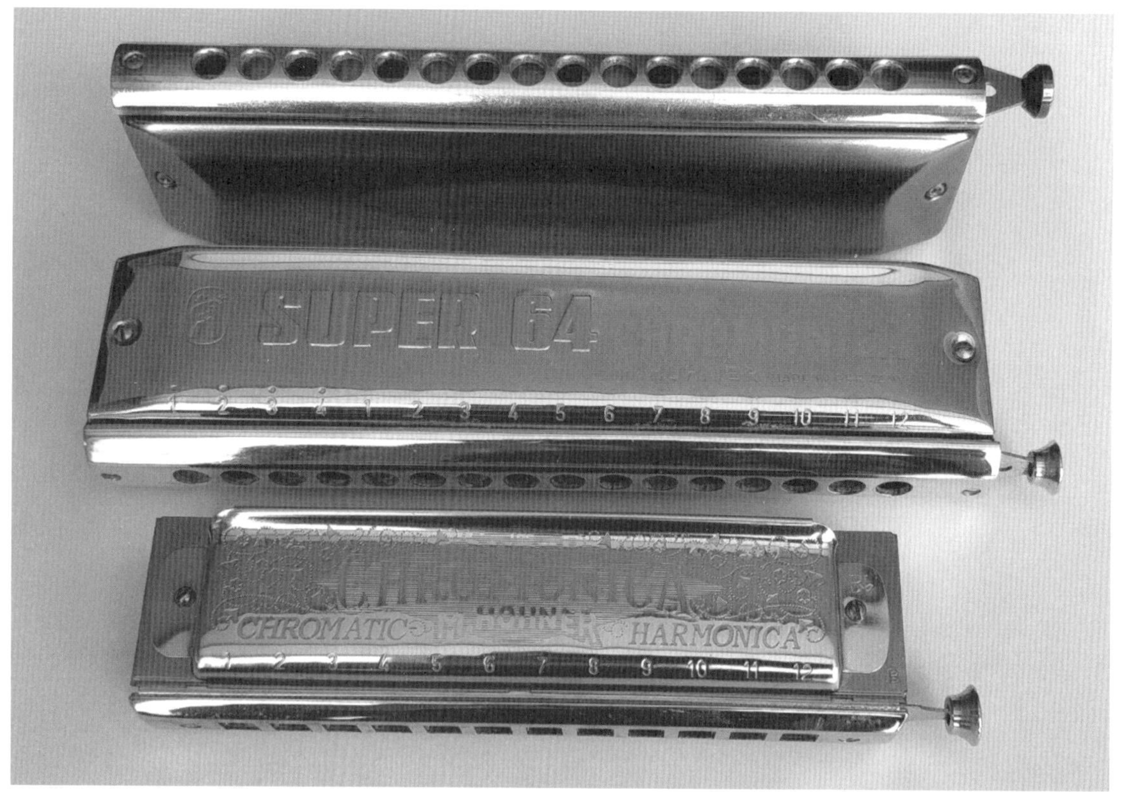

그림 1 - 2(c) 크로매틱 하모니카

한다. 다른 악기에 비해 관리가 어렵고 연주전에 예열이 필요하다. C키 한 개로 모든 키의 음악 연주가 가능하다. 일부 모델은 조별로 생산되는 것도 있다.

### (4) 코드 하모니카

코드 하모니카는 그림 1-2(d)와 같다. 코드(Chord) 하모니카는 합주에 많이 사용되는 하모니카로 여러 화음에 해당하는 리드가 같이 배치되어 있다. 동시에 여러 개의 리드를 울려서 화음을 연주한다. Major, Minor, Seventh, Diminished, Augmented Chord가 조합되어 있어 주로 합주에서 화음을 담당한다.

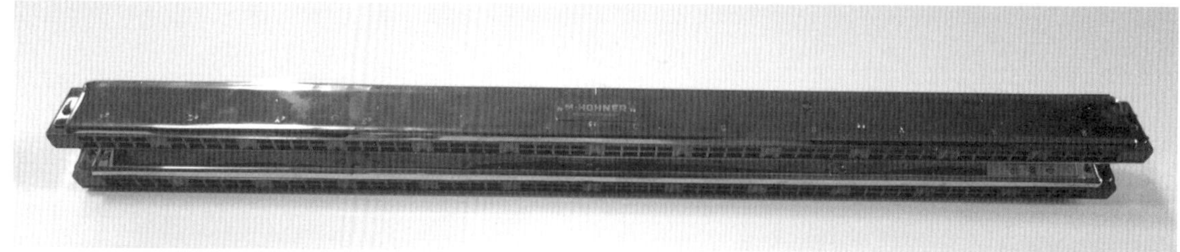
그림 1 - 2(d) 코드 하모니카

### (5) 베이스 하모니카

베이스 하모니카는 그림 1-2(e)와 같다. 합주에 많이 사용되는 하모니카로 저음부에 해당하는 소리를 낸다. 모든 음을 불어서 내며 오케스트라의 콘트라베이스에 해당하는 음을 내다.

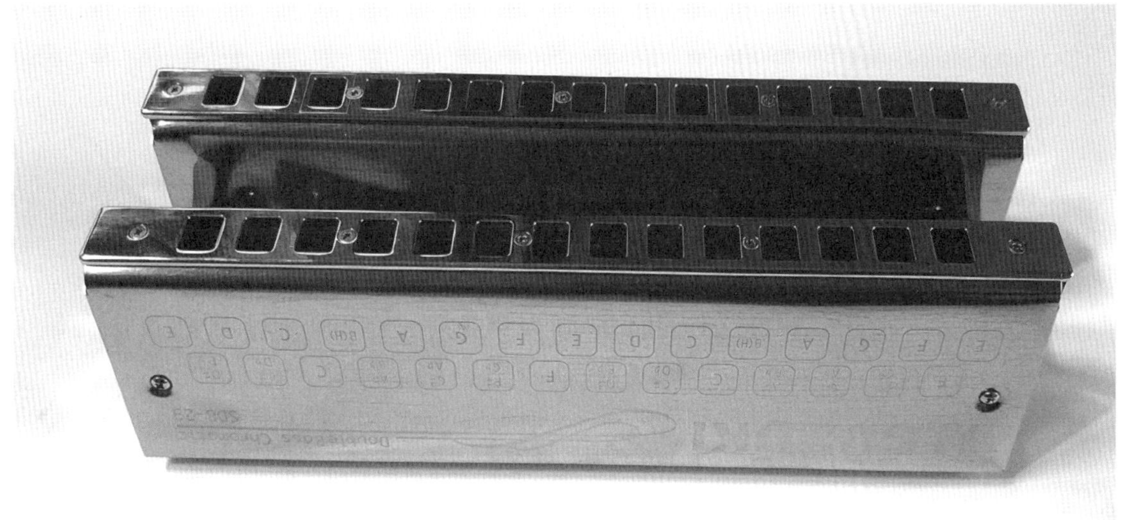

그림1 - 2(e) 베이스 하모니카

## 3) 크로매틱 하모니카 종류 및 음역

### (1) 크로매틱 하모니카의 종류

크로매틱 하모니카는 그림 1-3과 같이 12홀(3옥타브), 14홀(3옥타브 반), 16홀(4옥타브) 크로매틱 하모니카가 있다. 크로매틱 하모니카는 4홀에서 한 옥

그림 1 - 3(a) 12홀(3 옥타브) 크로매틱 하모니카

그림 1 - 3(b) 14홀(3 옥타브 반) 크로매틱 하모니카

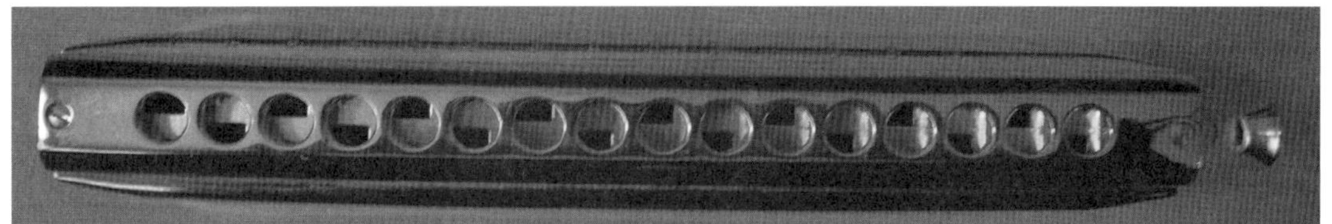

그림 1 – 3(c) 16홀(4 옥타브) 크로매틱 하모니카

타브의 소리가 난다. 즉 12홀 하모니카는 세 옥타브의 소리가 나고, 가장 많이 사용된다. 국내에서도 12홀 하모니카가 생산되고 있다. 바디가 나무, 수지, 금속 등으로 제작된다. 제작사와 리드의 특성에 따라 음색이나 음량이 다르므로 음악의 장르에 맞는 하모니카를 연주자가 선택할 수 있다.

### (2) 크로매틱 하모니카의 구멍 표시 및 음역

크로매틱 하모니카는 윗 커버 부분에 각 구멍마다 번호가 쓰여 있다. 초급 연주자의 경우 악보에 표시된 구멍의 번호에 따라 연주를 하면 된다. 중급 이상의 연주자는 구멍 표기가 없는 5선보를 보면서 연주할 수 있도록 연습할 필요가 있다. 악보 아래의 가사 위치에 있는 숫자 표시들은 구멍의 위치를 표시한 것으로 표 1-1과 같이 보통 숫자는 날숨을, 원모양 숫자는 들숨을 나타낸다. 그리고 숫자 아래의 밑줄은 버튼을 누른 상태를 나타낸다.

표 1 – 1 하모니카의 구멍 표시(예)

| | | | |
|---|---|---|---|
| 5 | : 날숨(불기)/ '도' | $\underline{5}$ | : 버튼+날숨(불기)/ '♯도' |
| ⑤ | : 들숨(마시기)/ '레' | $\underline{⑤}$ | : 버튼+들숨(마시기)/ '♯레' |
| $\dot{2}$ | : 초저음 날숨(불기)/ '미' | $\underline{\dot{②}}$ | : 초저음, 버튼+들숨(마시기)/ '♯파' |

크로매틱 하모니카의 음역은 그림 1-4와 같다. 12홀 하모니카의 경우 기본도음(C4)에서 시작하여 위로 3옥타브의 음역을 갖고 있다. 1번 홀(C4)~4번 홀(B4)을 저음역, 5번 홀(C5)~8번 홀(B5)을 중음역, 9번 홀(C6)~12번 홀(C7)을 고음역이라 부른다. 저음역보다 낮은 왼쪽 4개 구멍숫자의 위에 $\dot{1}$, $\dot{2}$, $\dot{3}$, $\dot{4}$와 같이 숫자 위에 점이 찍혀있다. 피아노 기준의(C3)~(B3) 음역대이고 크로매틱 하모니카에서는 초저음역으로 불린다. 그림 1-4 악보상에 초저음역대 첫 2마디의 높은음자리표의 표시와 낮은음자리표 2마디의 악보는 동일하다.

그림 1-5(a)는 버튼을 누르지 않은 상태의 음계(C키)이고 그림 1-5(b)는 버튼

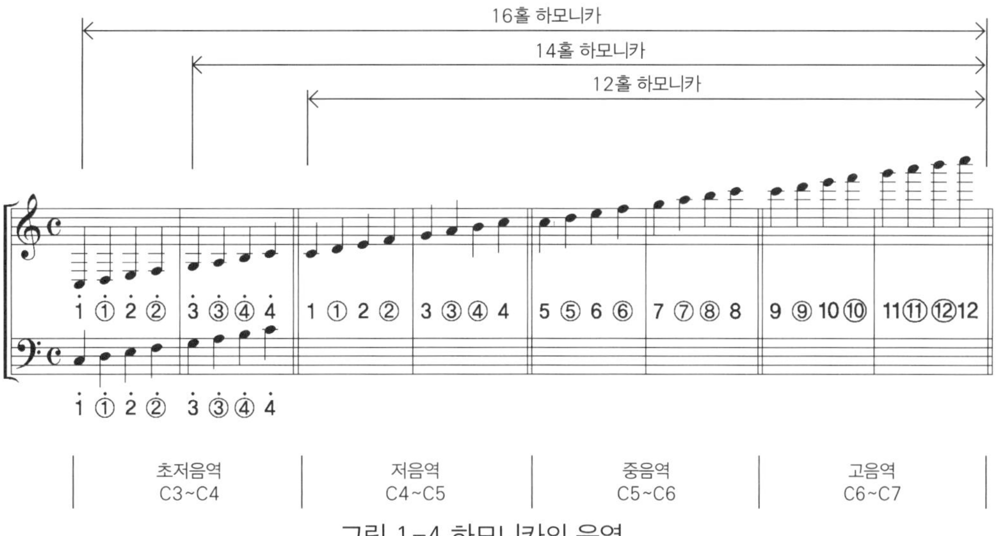


그림 1-4 하모니카의 음역

을 누른 상태의 음계(C♯키)이다. 버튼을 누르지 않고 불면 윗쪽 구멍의 C키에 해당되는 리드가 울리다가 버튼을 누르면 윗구멍이 닫히고 아래 구멍이 열리면서 아래 리드(C♯키)가 울리게 된다. 모델에 따라서 위아래 구멍이 지그재그로 배치된 경우도 있다. 즉, 버튼을 누르지 않으면 피아노의 흰 건반에 해당되는 음이 난다. 버튼을 누르면 피아노의 검은 건반에 해당되는 음이 나므로 C키 한 개의 하모니카로 모든 조의 음악 연주가 가능하다. 4옥타브 하모니카의 초저음 영역대의 표시는 홀 번호에 점만 찍혀 있고 동일한 내용으로 이해를 하면 된다.

그림 1 – 5(a) 버튼을 누르지 않은 상태의 음계(C–키)

그림 1 – 5(b) 버튼을 누른 상태의 음계(C♯–키)

크로매틱 하모니카는 '도'가 두 개씩 있고, ♯시(도), ♯미(파)는 이명동음(異名同音)의 특징을 갖고 있다. '도'의 경우 연주 시 어느 홀(예: 4 또는 5)의 '도'를 사용할지는 악보의 앞뒤를 보고 연결이 편한 홀을 택하면 된다. 초급연주자는 가능한 5번 홀과 9번 홀을 사용하여 '도'를 내도록 한다. 4번 홀이나 8번 홀의 '도'를 사용할 경우에는 다음 음의 이동시 간격이 달라지므로 주의해야 한다. 동명이음은 앞뒤 음표에 따라 연결이 부드럽게 되는 홀을 사용하면 된다. 이명동음을 사용하면 트릴, 꾸밈음, 슬러, 레가토 등의 연주가 다른 하모니카에 비해 수월하다. 향후 악보 샘플을 통하여 그 기능을 살펴보기로 한다.

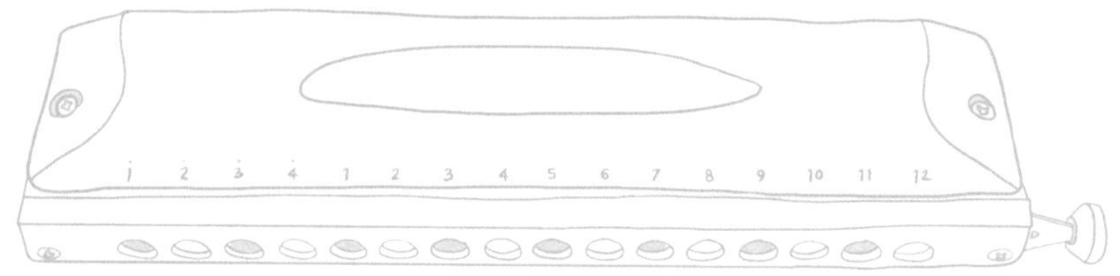

## 2

# 연주 자세 및 연주법

### 1) 하모니카 잡는 방법

왼손은 엄지와 검지로 그림 2-1과 같이 잡고, 오른손은 접시를 받치듯이 하모니카의 아래쪽이 손바닥에 닿도록 하고, 검지로 레버를 누를 수 있도록 잡는다. 레버는 오른손 검지의 첫째 마디로 누르는 경우도 있고 둘째 마디로 눌러도 무방하다. 하모니카를 정면에서 보면 양쪽 손이 열리도록 한다. 소리가 마이크나 관객 쪽으로 향하도록 한다.

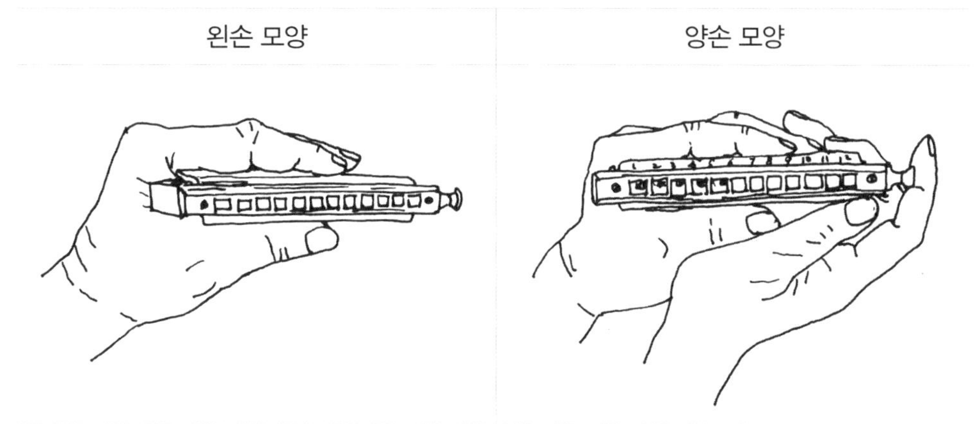

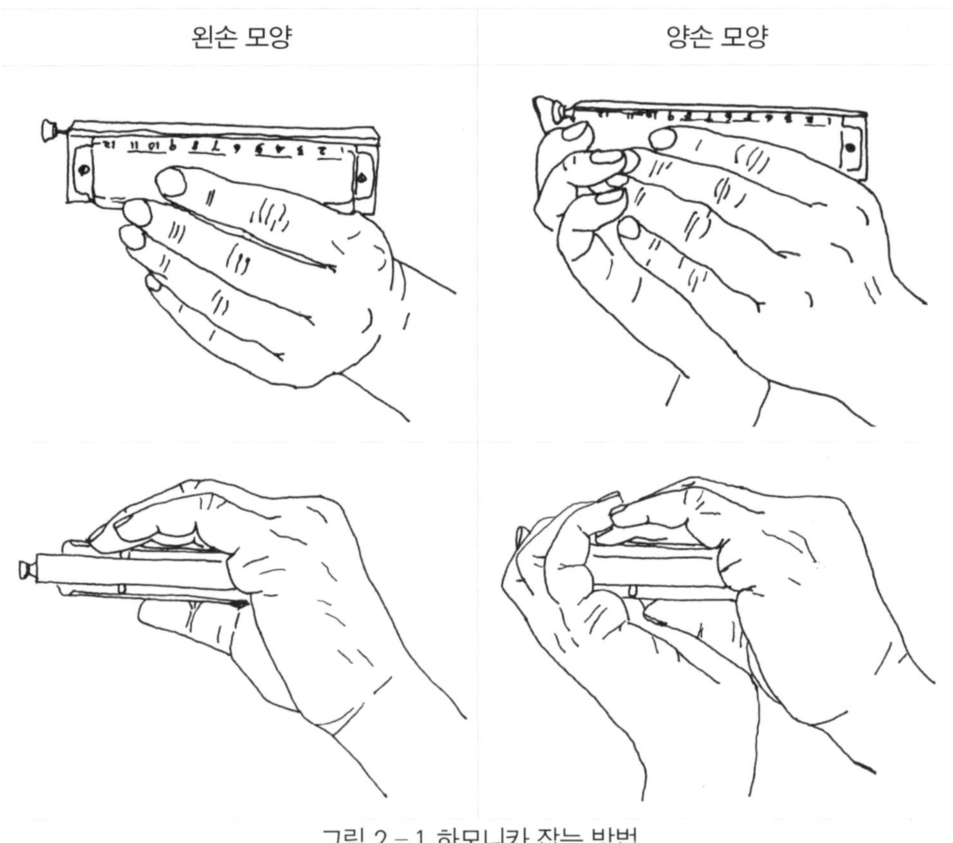


그림 2 - 1 하모니카 잡는 방법

## 2) 입 모양

입의 모양에 따라 1) 싱글(Single) 주법 또는 퍼커(Pucker) 주법, 2) 텅블럭(Tongue-block) 주법으로 나누어진다.

### (1) 싱글 주법

싱글 주법은 그림 2-2와 같이 입술을 모아서 마우스피스의 한 구멍에 바람을 불어 넣어 소리를 낸다. 제대로 된 모양은 입술을 앞으로 오-우 발음하듯이 내민 후 바람이 나오는 구멍을 좁게 하여 작은 빨대 한 개 정도만 들어갈 만큼 좁히도록 한다. 구멍을 좁히지 않으면 옆 구멍의 소리가 겹쳐서 나게 된다. 한 구멍의 소리만 나도록 구멍을 좁혀야 한다. 퍼커(Pucker) 주법이라고도 한다.

### (2) 텅블럭 주법

텅블럭 주법은 그림 2-3과 같이 입을 넓게 벌려 마우스피스의 구멍을 여러 개(3-5개) 문 다음 혀로 저음부 왼쪽 구멍들을 막고 오른쪽의 한 구멍만 열리도록 하여 열린 구멍의 한음만 소리를 낸다.

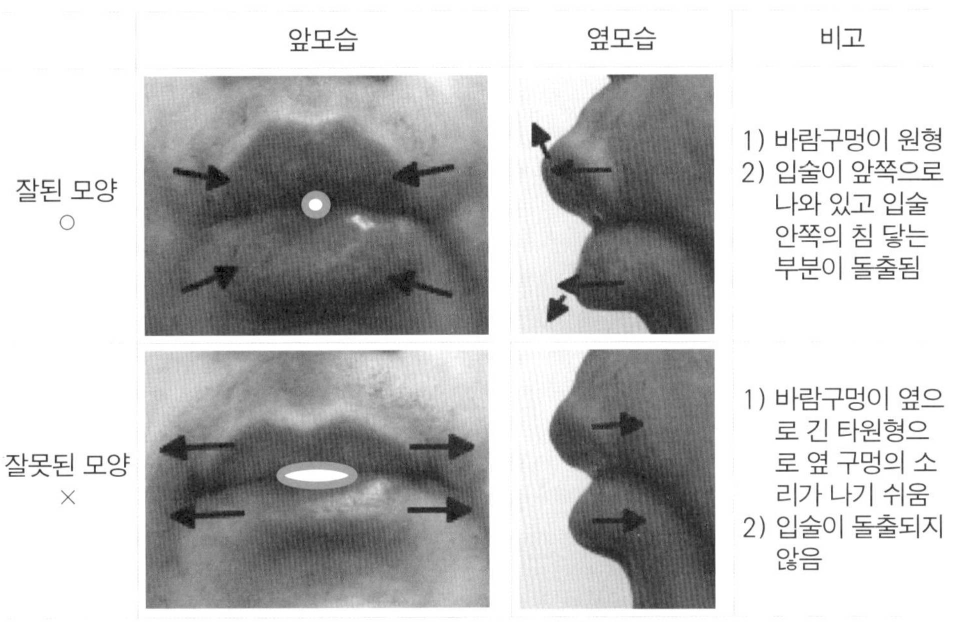

앞모습
옆모습
비고
잘된 모양
○
1) 바람구멍이 원형
2) 입술이 앞쪽으로 나와 있고 입술 안쪽의 침 닿는 부분이 돌출됨
잘못된 모양
×
1) 바람구멍이 옆으로 긴 타원형으로 옆 구멍의 소리가 나기 쉬움
2) 입술이 돌출되지 않음


그림 2-2 싱글(퍼커) 주법의 입 모양

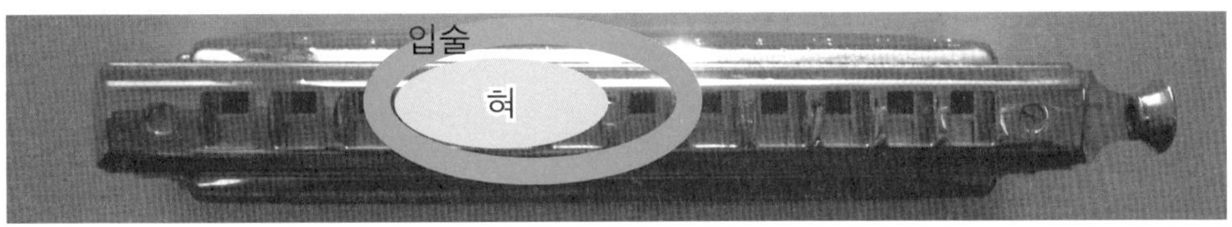


그림 2-3 텅블럭 주법의 입 모양

## 3) 호흡법

크로매틱 하모니카는 밸브(윈드 세이버)가 있어서 적은 양의 호흡으로 연주가 가능하다. 적은 양의 호흡을 사용하므로 여러 마디로 된 한 소절의 연주를 한 호흡으로 연주할 수 있다. 숨은 깊은 곳에서부터 복식호흡으로 해도 되고, 얕은 호흡으로도 연주가 가능하다. 깊은 호흡은 맑고 밝은 소리가 가능하고, 얕은 호흡은 강하고 블루지(bluesy, 슬픈) 느낌의 연주가 가능하다. 음악의 느낌에 따라 호흡을 달리할 수 있다. 기본적인 맑고 투명한 소리를 내기 위해서는 구강의 내부를 넓게 해야 좋다. 뜨거운 국물을 입에 넣고 잠깐 식히기 위해 훌훌 공기를 들이마시는 느낌으로 구강을 넓게 해야 맑고 풍성한 소리를 낼 수 있다. 저음부는 코로도 동시에 호흡을 해서 적은 호흡량으로 부드럽게 내야 맑은 소리가 난다. 초보자들은 저음부 1번 홀의 들숨 '레'를 내는 데 어려움이 있다. 적은 호흡으로 부드럽게 들숨을 들이쉬며 코에서도 바람이 들어오는 느낌이 있어야 음정이 떨어지지 않고 부드러운 소리를 낼 수 있다.

# 3
# 기본 연습

## 1) 중음부 제자리에서 한음내기

그림 3-1은 중음부 제자리에서 한음내기 연습을 위한 악보이다. 크로매틱 하모니카에서 가장 많이 사용하는 음역대의 연습이다. 다음 내용에 유의하여 꾸준히 연습한다.

### (1) 한음 연습

제자리에서 한음만 나도록 연습한다. 즉, 옆의 소리가 겹쳐 나지 않도록 한다. 겹쳐서 음이 나면 화음이 되므로 더 멋진 듯 들리기도 한다. 악보상에 화음을 표시하지 않는 한 한음만 나도록 한다.

### (2) 음의 길이

각각의 음표대로 충분한 길이가 나도록(음가대로) 연습한다. 중간에 끊기지 않도록 주의한다. 처음에는 편하게 시작하되 빨라지거나 느려지지 않고 처음의 속도를 유지하도록 한다.

### (3) 속도 변화

어느 정도 숙달이 되면 점점 느린 속도로 또는 빠른 속도로 연습한다. 이때 메트로놈의 박자를 켜고 이에 맞추어 연습한다.

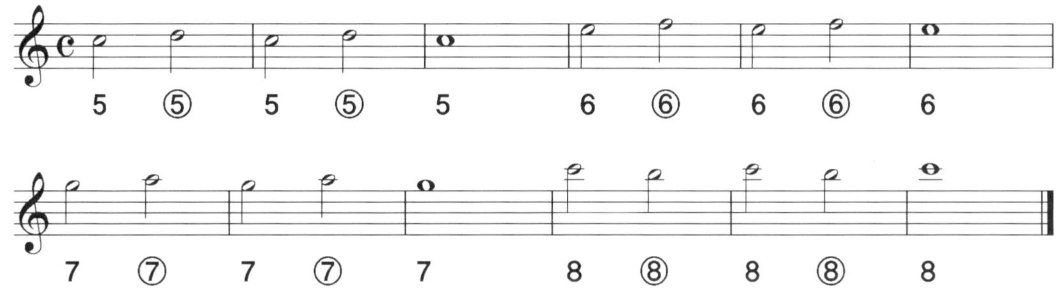


그림 3 - 1 중음부 제자리에서 한음내기

#### 단음내기 주의 점

초보자가 한음씩 소리를 내는 것은 매우 어렵다. '도(5)'를 불 때 좌측의 '도(4)' 또는 우측의 '미(6)'가 동시에 나면서 화음이 되는 경우가 허다하다. 마찬가지로 들이 쉴 때에는 좌측의 '시(④)' 또는 우측의 파(⑥)음이 섞이면서 화음이 되는 경우 많다. 음을 내기 전에 혀의 끝으로 소리를 내야 하는 구멍에 살짝 대어 구멍의 중심에 위치하고 있는지 확인하면 좋은데, 이는 음식을 먹기 전에 살짝 혀 끝으로 맛을 보는 느낌과 비슷하다. 한음을 정확하게 소리 내는 것은 초급 연습에서 가장 중요하다. 또한 박자감을 정확하게 갖기 위해서는 메트로놈의 사용을 적극 권장한다. 초급과정부터 박자를 정확하게 맞추는 기초훈련은 향후 음악의 완성도를 높이는 데 매우 중요하다.

## 2) 한음씩 내면서 홀의 이동

### (1) 음의 이동 시 악기가 입에서 떨어지지 않도록 함

그림 3-2의 2번째 마디에서 '레-미'의 연결 시 하모니카에서 입이 떨어지지 않고 붙은 상태에서 미끄러지듯이 연주한다. 같은 방법으로 4, 6, 9, 10번째 마디도 동일하게 적용된다.

## (2) 침 바르기

미끄러지도록 하는 요령은 입술 안쪽에 침을 살짝(낼름) 바르고 입술의 안쪽이 마우스피스에 닿도록 한다. 전문연주자들은 연주를 시작하기 전에 마우스피스에 침을 미끄러지듯이 바르고 시작하는 경우가 있다. 홀의 이동을 쉽게 하기 위함이다.

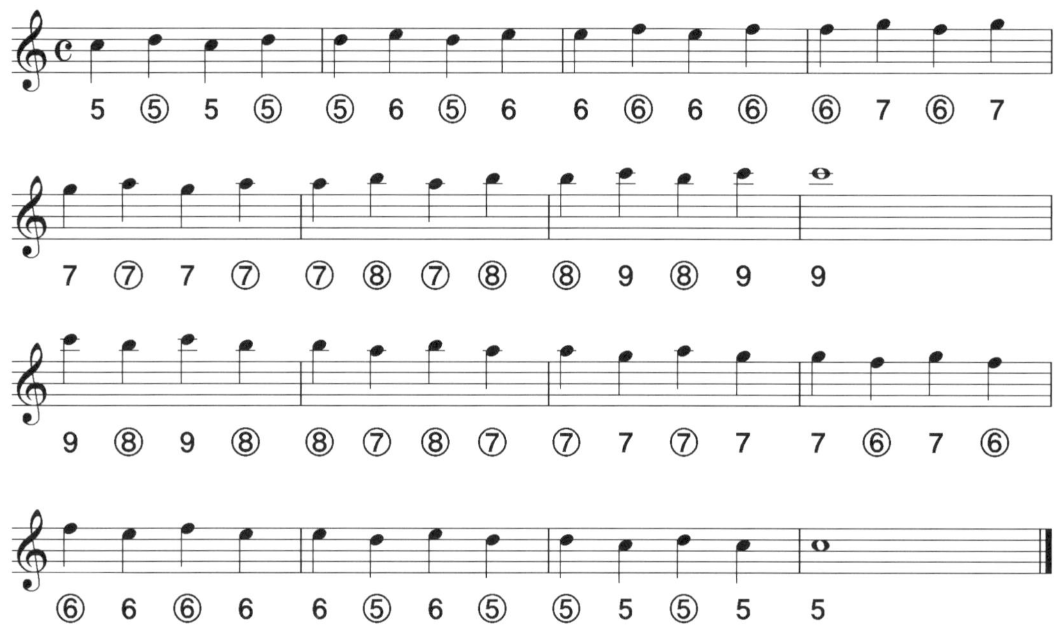


그림 3 - 2 중음부 홀의 이동

### 매끄러운 입술의 이동

하모니카 홀의 이동시 입술이 마른 상태에서 하모니카 홀을 이동을 하면 입술이 마우스피스에 붙어버리면서 이동이 원활하지 않고, 또한 입술에 상처가 날 수도 있다. 홀의 이동을 부드럽게 하기 위해서는 입술과 마우스피스 사이에 침이 적절히 묻어 있는 상태가 되어야 한다. 따라서 연주 전에 마우스피스에 침을 적절히 바른 후 시작하는 방법도 있다. 연주 중에는 쉼표나 숨표가 있는 곳에서 혀로 빠르게 '낼름' 입술에 침을 묻히고 연주를 하는 방법을 권장한다. 입술은 오리입과 같이 앞으로 내밀고 '우~' 발음으로 입술을 만들어서 평상시 침이 묻어 있는 입의 안쪽 부분이 마우스피스에 접촉되도록 하면 좋다. 이동을 부드럽게 하기 위해 마우스피스에 오일을 바르면 오일이 참착되어 악기 고장의 원인이 되므로 권장하지 않는다. 텅블럭을 사용하는 경우에는 싱글 주법보다 입 안쪽을 많이 이용함에 따라 침의 양이 충분해 마우스피스 이동이 수월하다. 그러나 침이 너무 많이 분비될 경우에는 하모니카로 침이 들어가 리드나 밸브가 턱턱거리는 경우가 있다. 이런 경우 고개를 약간 들어서 하모니카 전면이 입술보다 약간 윗쪽으로 들어주면 입안의 침이 악기 안으로 흘러 들어가지 않도록 할 수 있다.

### 3) 중음부 스케일(C장조 음계) 연습

그림 3-3과 같은 스케일은 매우 중요하므로 잠깐이라도 매일 연습할 것을 권장한다. 한음 한음을 충분히 내면서 끊어지지 않고 매끄럽게 연결되도록 연습한다. 스케일은 C키를 기본으로 하고 다른 키의 연습도 필요하다. 다른 키의 악보는 Part 3에 수록되어 있다.

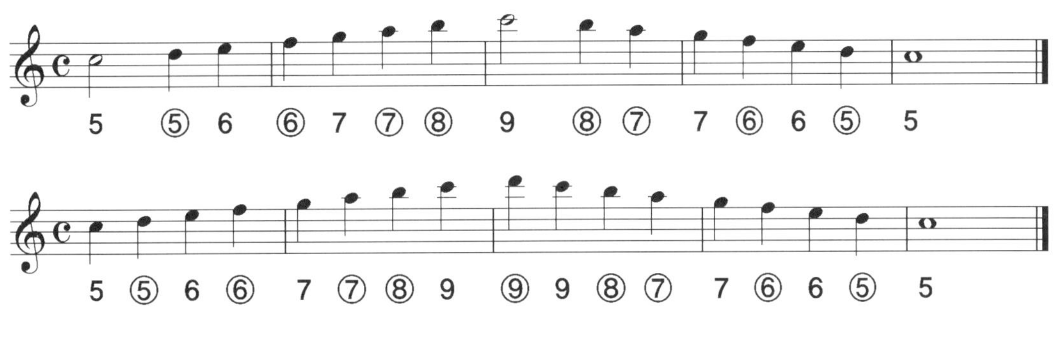


그림 3-3 중음부 C키 스케일 연습

### 4) 홀의 이동

그림 3-4(a)는 1마디 5번 홀 들숨과 6번 홀 날숨의 반복연습을 위한 악보이다. 홀의 이동과 동시에 들숨 날숨의 변화가 있으므로 연결이 어렵다. 5번째 마디는 들숨으로 홀의 이동만 있는데 '라'와 '시'의 음이 끊어지지 않도록 호흡을 유지하면서 들숨으로 홀의 이동만으로 음의 연결(슬러)이 되도록 연주한다.

그림 3-4(a) 홀의 2도 이동 연습

그림 3-4(b)는 3도씩 건너뛰는 연습을 위한 악보이다. 건너뛸 때도 음이 끊어지지 않고 연결이 잘 되도록 연습한다. 실제 연주에 많은 도움이 되는 연습이다.

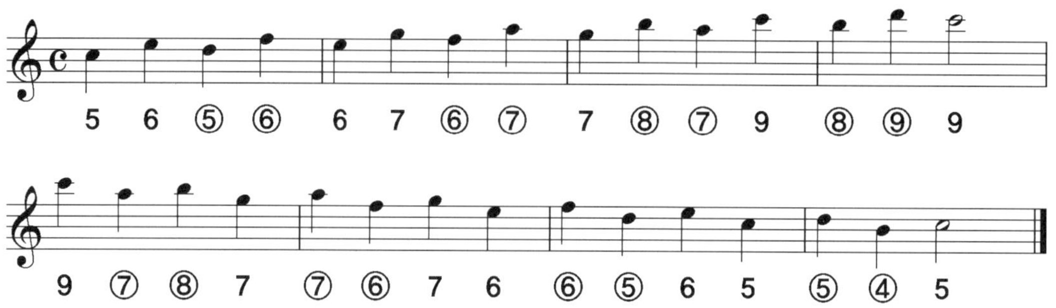


그림 3－4(b) 홀의 3도 이동 연습

그림 3-4(c)의 1~4마디는 음의 연결(슬러) 연습이다. 1~2마디는 날숨 한 호흡으로 두 마디가 연결되도록 연주한다. 3~4마디는 들숨 한 호흡으로 연결되도록 한다. 5~8 마디는 음간의 간격이 약간씩 있도록 연주한다.

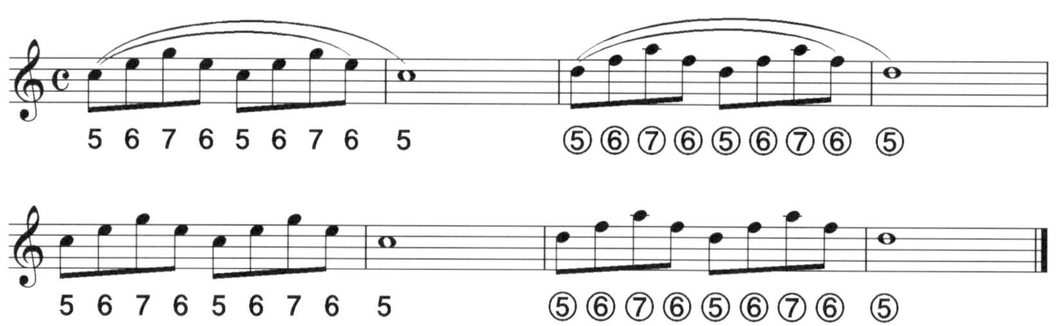


그림 3－4(c) 음의 연결 연습

# 4
# 아티큐레이션

'아티큐레이션(Articulation)'은 '명료한 발음'이라는 뜻으로 음표 하나 하나의 표현방법을 말하는데, 같은 악보라도 아티큐레이션에 따라 다른 느낌을 준다. 텅잉을 사용한 스타카토, 음가를 충분히 내는 레가토, 벤딩, 비브라토 등을 포함한다.

## 1) 레가토와 슬러

### (1) 레가토

레가토(Legato)는 한 음을 충분히 내면서 다음 음으로 부드럽게 이어 주는 것을 의미한다. 스타카토와 반대 개념이지만 일반적으로 연주하는 음의 길이보다 충분한 길이로 내 주는 것을 의미한다. 악보상으로 레가토를 강조할 때는 그림 4-1과 같이 음표 위에 선을 그어서 표시한다. 특별한 표시가 없는 일반적인 음표의 연주도 레가토를 잘 사용해야 음악이 풍성하고 세련된 느낌을 준다.

그림 4 – 1 레가토 연습

"연주를 노래하듯이 하라"고 하는 말은 연주를 '레가토와 슬러를 잘 표현해서 연주하라'는 의미이다. 슬러(Slur, 이음줄)는 악보상에서 줄로 연결하여 표시한다. 슬러와 레가토를 잘 사용하면 노래하듯이 연주할 수 있다.

#### 하모니카에서 레가토의 한계

하모니카를 처음으로 연주하는 초보자의 경우 레가토를 잘 못하기 때문에 초보자의 연주 같이 들린다. 일반적인 입으로 부는 관악기는 한 구멍으로 불기만 하면서 손가락으로 음을 바꾸기 때문에 첫 음에서 다음 음으로 바뀔 때 같은 압력으로 불면서 운지만 바꾸므로 레가토의 연주가 쉬운 편이다. 현악기의 경우 활의 방향(업, 다운)을 바꾸지 않고 손가락의 운지만 바꾸면 슬러가 된다. 피아노의 경우에는 첫 음의 건반을 완전히 떼지 않은 상태에서 다음 음의 건반을 누르면 음이 비교적 자연스럽게 연결된다. 그러나 하모니카는 음을 들숨과 날숨으로 연결하는 연주의 경우에 바뀌는 순간이 있으므로 레가토와 슬러가 매우 어렵다. 숨이 바뀌는 경우에는 첫 음을 가능한 길게 내고 다음 음으로의 이동을 빨리해서 첫 음과 다음 음과의 간격을 좁히는 훈련이 필요하다. 다만, 숨이 바뀌지 않으면(들숨의 연속 또는 날숨의 연속) 쉽게 할 수 있다. 전후 동일한 압력을 유지하면서 구멍의 이동을 할 경우 레가토 연주가 가능하다.

### (2) 슬러(이음줄)

슬러(Slur)는 이음줄이라고 하며 첫 음과 다른 음높이의 음을 이어서 연주하는 것이다. 그림 4-2와 같이 이음줄로 표기한다. 1마디에서 '도'를 4번 홀의 버튼을 누른 상태에서 들숨으로 연주하여 '도(♯시)'를 낸다. 이어서 나오는 '레'가 같은 들숨이므로 슬러의 연주가 가능해진다. 2마디에서는 날숨으로 '도'로 시작해서 날숨 '미'와 슬러의 연주가 부드럽게 연주된다. 3마디는 '미'에서 '파(♯미)'를 버튼만 누르면 자연스럽게 연결된다. 4마디는 날숨에서 들숨으로 바뀌는 순간을 짧게 연주해서 슬러가 되도록 한다. 5마디에서 '도'를 날숨으로 할 수도 있고 악보와 같이 들숨으로 할 수도 있다. 이러한 판단은 연주자의 호흡 길이나 앞뒤의 연결 상태를 보고 결정한다. 하모니카는 날숨보다 들숨 사용 시 표현이 다양하므로 전문 연주자들은 들숨을 선택하는 경우가 많다.

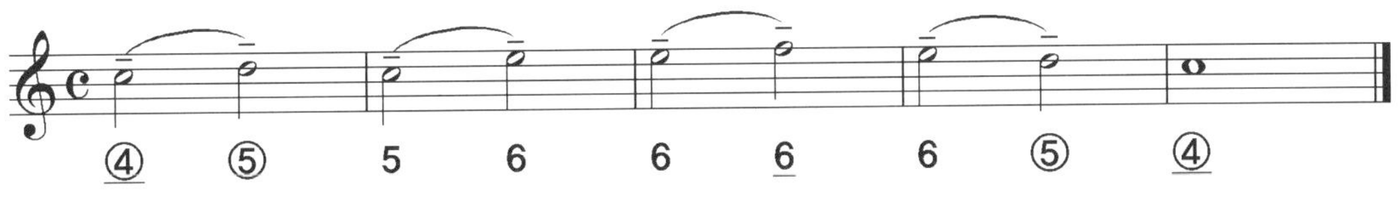


그림 4 - 2 슬러 연습

### (3) 레가토와 슬러의 응용연습

그림 4-3은 슬러와 레가토를 사용한 프레이징(Phrasing)의 연습이다. 프레이징은 몇 마디를 붙여서 한 악구로 구성하는 것을 의미한다. 1마디에서 '도-미' '도-미'가 끊어지지 않고 연결을 매끄럽게 해 준다. 두 번째 마디 6번 홀 '파'는 '미'의 버튼을 눌러서 '파(♯미)'를 낸다. '솔'에서 '파'로 연결할 때 호흡이 날숨을 유지하므로 음이 끊어지지 않는다. 1~2마디를 붙여서 한 프레이징이 되도록 연주한다. 4마디에서 '도'는 4번 홀의 버튼을 누르고 들숨으로 '도(♯시)'를 낸다. '레-도'의 연결을 들숨으로 연결할 경우 음이 끊어지지 않는다. 3~4마디를 이어서 한 프레이징이 되도록 연주한다. 5마디에서 '시'에서 '파'로 이동할 때 '라'가 나지 않도록 음과 음 사이에서 잠깐 호흡을 멈춰야 한다. 6마디에 '파'도 '♯미'으로 연주한다. 두 마디씩 한 프레이징으로 연결되는 느낌이 나도록 연주한다.

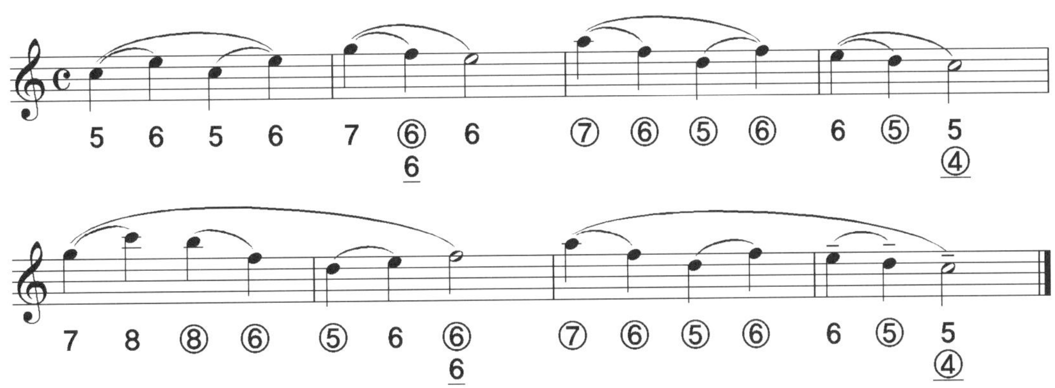


그림 4 - 3 레가토와 슬러의 응용연습

## 2) 스타카토

스타카토는 한 음씩 끊어서 연주하는 것이다. 같은 음이 반복될 때 음과 음 사이를 가볍게 끊어 주어야 한다. 짧게 끊으면 스타카토가 된다. 음을 끊는 방법에 따라 여러 종류가 있다. 음을 끊는 수단에 따라 혀끝, 혀의 안쪽, 목, 호흡(횡경막),

악기 분리 등을 사용한다. 아래 그림 4-4의 "작은 별"을 연주해 보자. 음을 끊을 때는 'U'를 이용하여 끊는 연습도 해 보고, 'Tu'를 이용하여 끊는 연습도 해본다. '도 도 솔 솔 라 라 솔-' 이때 '도'와 '도' 사이를 'U'를 사용해서 음을 끊어준다. 가벼운 기침을 하듯 'U(우)' 발음을 하되 시작할 때 가벼운 기침하는 느낌으로 목 깊은 곳에서 끊어 준다. 같은 방법으로 음과 음 사이를 'Tu'를 이용하여 끊어줄 수도 있다. 음을 끊어주는 스타카토의 종류는 다음과 같다.

### (1) 횡경막 사용: 후(Hu)

'후(Hu)' 발음을 하되 첫 음의 길이보다 약간 짧게 호흡을 잠깐 끊고 다음 음을 낸다. 긴 박자의 긴 스타카토에 쓰인다. 아래 '작은 별'에서도 사용이 가능하다. '후(Hu) 후(Hu)' 하면서 음과 음 사이를 끊어 준다.

### (2) 목의 안쪽을 이용: 우(U)

'우(U)' 발음을 하되, 잔기침을 참다가 기침을 하는 듯한 느낌으로 '우(U) 우(U)' 하면서 음을 끊어 준다. 빠르지 않은 음악에서 가장 많이 사용하며 부드러운 스타카토가 된다.

### (3) 혀끝을 이용: 투(Tu) 또는 툿(Tut)

혀의 끝을 이용하여 '투(Tu)' 또는 '툿(Tut)' 발음하듯이 호흡을 끊어주는 방법이다. 아주 빠른 스타카토에 적합하다. 'Tu Tu Tu Tu', 'Tut Tut Tut Tut' 또는 교대로 'Tut Tu Tut Tu' 한다. 잘못하면 혀를 차는 소리가 섞여 나기도 하므로 혀를 차는 소리가 잘 들리지 않도록 연습한다.

### (4) 혀의 뒷부분을 이용: 쿠(Ku)

혀의 뒷부분을 이용하여 '쿠(Ku)', '쿡(Kuk)' 발음을 하듯이 음을 끊는다. 두 개를 섞어서 '쿡(Kuk) 쿠(Ku) 쿡(Kuk) 쿠(Ku)' 할 수도 있다.

### (5) 복합방법

상기의 방법을 사용하면서 악기를 순간적으로 입에서 떼어내는 방법으로 공기압이 리드에 걸리지 않도록 한다. 2)의 'U'를 사용하여 'U'로 끊으면서 입에서 악기를 순간적으로 떼어준다. 또는 1)의 'Hu' 상태에서 악기를 입에서 떼어내는 방법으로 호흡을 끊으면서 스타카토 연주를 한다. 이러한 방법은 더욱 깔끔한 스타카토의 효과를 얻을 수 있다. 입을 떼는 것은 실제로 많이 떼는 것이 아니고 입술의 옆쪽에 약간의 공간으로 바람이 새도록 하면 된다. 이 방법은 프로연주자들이 많이 사용한다. Tu와 Ku를 교대로 사용하여 'Tu Ku Tu Ku' 하면 빠른 스타카토에 적절히 사용할 수 있다.

그림 4-4 '작은 별'

### (6) 스타카토 연습곡

그림 4-5는 '작은 별' 스타카토 연습곡이다. 앞부분은 빠르지 않은 경우에 U를 사용하여 스타카토를 하고 뒷부분은 빠르게 Tu를 사용한 스타카토 연습곡이다.

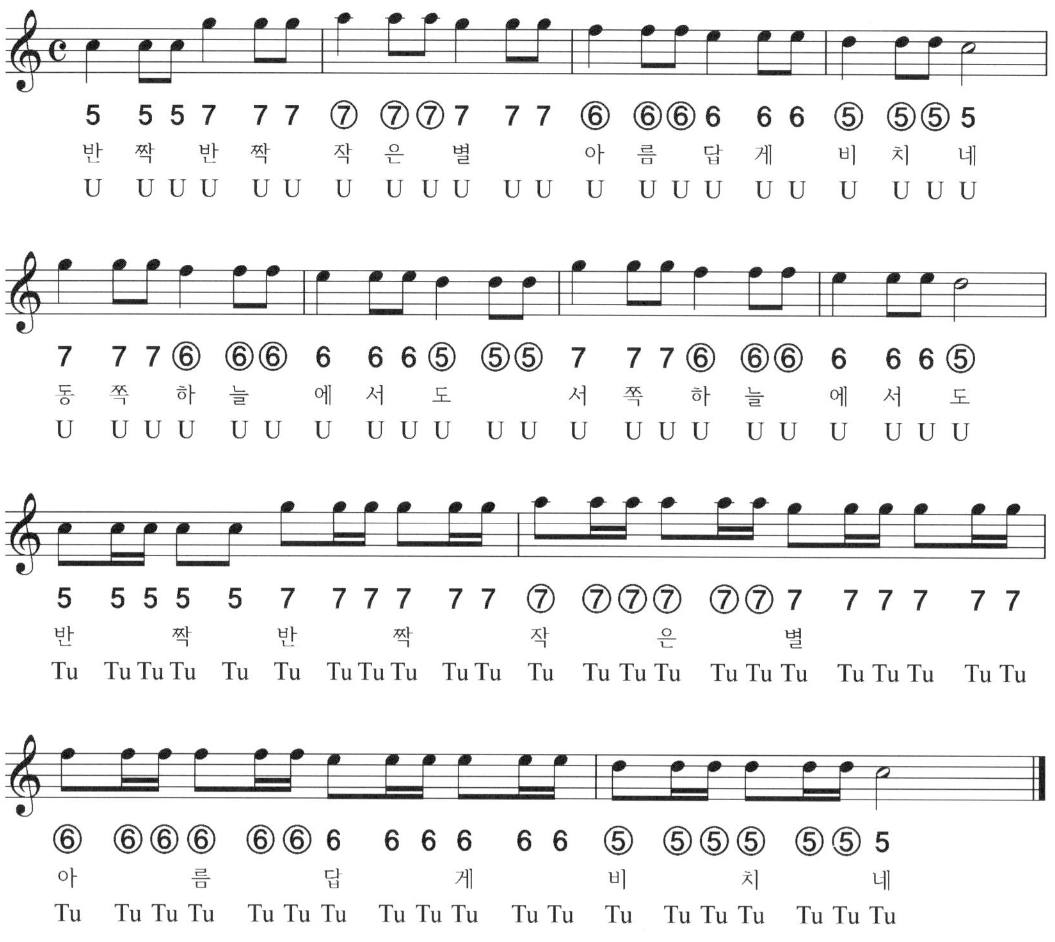


그림 4-5 스타카토 응용연습('작은 별')

# 5

# 음역별 연습

HARMONICA

## 1) 저음부 연습

### (1) 저음부 기본음계 연습

그림 5-1은 저음부 기본음계 악보이다. 저음부의 리드는 중음부보다 적은 호흡량으로 소리를 내야 한다. 저음부로 갈수록 이러한 호흡 조절이 되어야 부드러운 소리가 난다. 그 요령으로는 날숨에서 호흡의 절반 정도는 코로 동시에 바람을 빼면서 입으로 부는 연습이 필요하다. 들숨 시에도 호흡의 절반 정도는 코로 들이쉬면서 리드를 울려 줘야 부드러운 소리가 난다. 저음으로 내려갈수록(특히 '레' 1번 홀 들숨) 소리 내기가 어렵다. 저음 리드는 무겁기 때문에 호흡보다 약간 늦게 반응

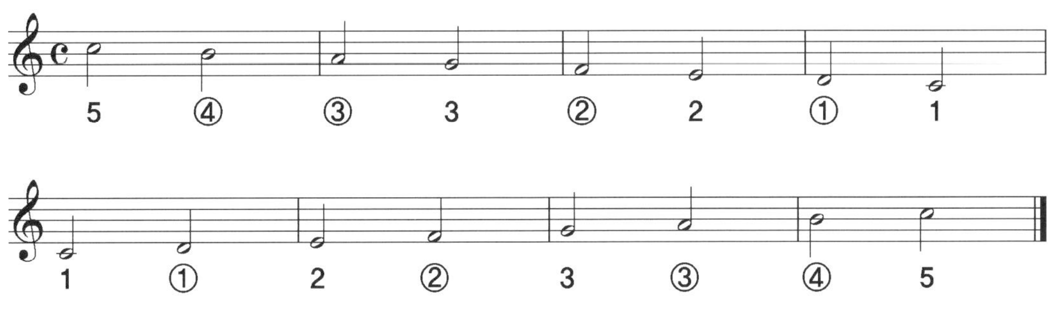


그림 5 - 1 저음부의 기본음계 연습

하는 경우가 많다. 적은 호흡과 부드러운 호흡으로 리드의 풍부한 소리를 내는 연습이 필요하다. 5번 홀부터 아래로 내려가면서 연습을 시도한다.

그림 5-2는 저음부 기본연습의 악보이다. 스케일 연습을 한 후에 반복적인 연습으로 저음부에서 정확한 음정으로 부드러운 소리를 낼 수 있어야 한다. 저음부는 음정이 떨어지기 쉽다. 벤딩이 걸려서 음정이 떨어지고 탁한 소리가 날 수 있다. 초보자들은 어떤 리드에서 소리가 안 난다고 악기가 불량이라고 생각할 수 있다. 리드에 따라 약간의 차이가 있어서 특정 리드가 소리가 잘 안날 수 있지만 대부분 오픈박스한 하모니카의 경우에 리드에 문제는 없다. 버튼을 누른 상태(전체적으로 반음이 올라간 C# 상태)에서도 같은 악보를 따라 불어보는 것도 좋은 연습 방법이다.

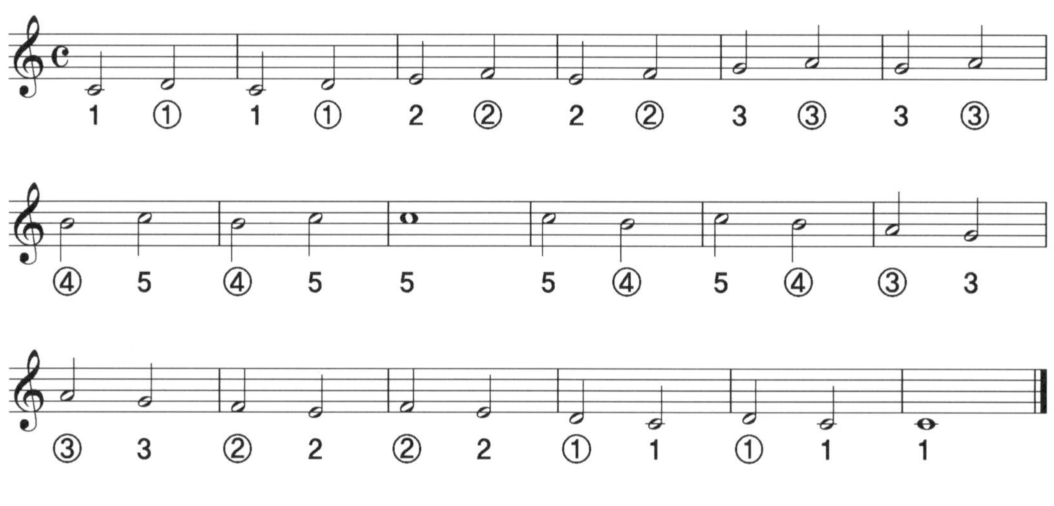


그림 5-2 저음부 기본연습

그림 5-3은 저음부 응용연습을 위한 '학교 종'이다. 저음부에서 '솔솔라라'와 같이 음이 반복될 때 적절한 스타카토로 'U' 또는 'Tu'를 사용해서 연주한다. 리드에 따라 늦게 반응해서 음이 늦게 나기 시작하면 'Tu'를 사용하여 시작한다.

그림 5-3 저음부 응용연습('학교 종')

날숨 '솔솔'보다 들숨 '라라'가 끊기가 더 어렵다.

### 2) 저음부 스케일

그림 5-4와 같은 저음부 스케일을 연습한다. 저음부는 음의 피치(음정)가 떨어지거나 딱딱한 소리가 나지 않도록 연습해야 한다. 그림 5-4의 단순한 C조 스케일을 꾸준히 연습할 필요가 있다. 다른 조의 스케일은 Part 3에 수록되어 있다.

그림 5-4 저음부 스케일(C 키)

### (3) 저음부 음 끊기 응용연습

그림 5-5의 '작은 별'에서 같음 음이 반복되는 마디가 있다. 'U'를 이용하여 음을 끊어 보고 'Tu'를 이용하여 음을 끊는 연습을 해 본다. 날숨보다 들숨의 음 끊

그림 5-5 저음부 음 끊기 연습(작은 별)

기가 어렵게 느껴진다. 음 끊기는 곡의 느낌과 리드의 조건에 따라 다르게 사용된다. 음을 시작할 때, 저음부 리드를 'Hu'로 시작하면 리드가 무거워 조금 늦게 반응할 수 있다. 이때 시작할 때도 'U'를 이용하여 어택크(Attack)를 주면 정확하게 음을 시작할 수 있다.

## 2) 고음부 연습

하모니카의 고음부는 매우 높은 음역대에 속한다. 고음부에서 계속 연주하는 경우는 드물고 부분적으로 사용된다. 고음부의 연주 시에 중음부와 같이 옥타브 연주에도 사용된다. 고음부는 중음부보다 구강의 공간이 좁아지는 느낌으로 연주한다. '오~' 발음과 '이~' 발음으로 연습하면서 소리를 들어보고 각자의 맑은 소리를 내도록 연습한다.

### (1) 고음부 제자리에서 한음 내기 기초

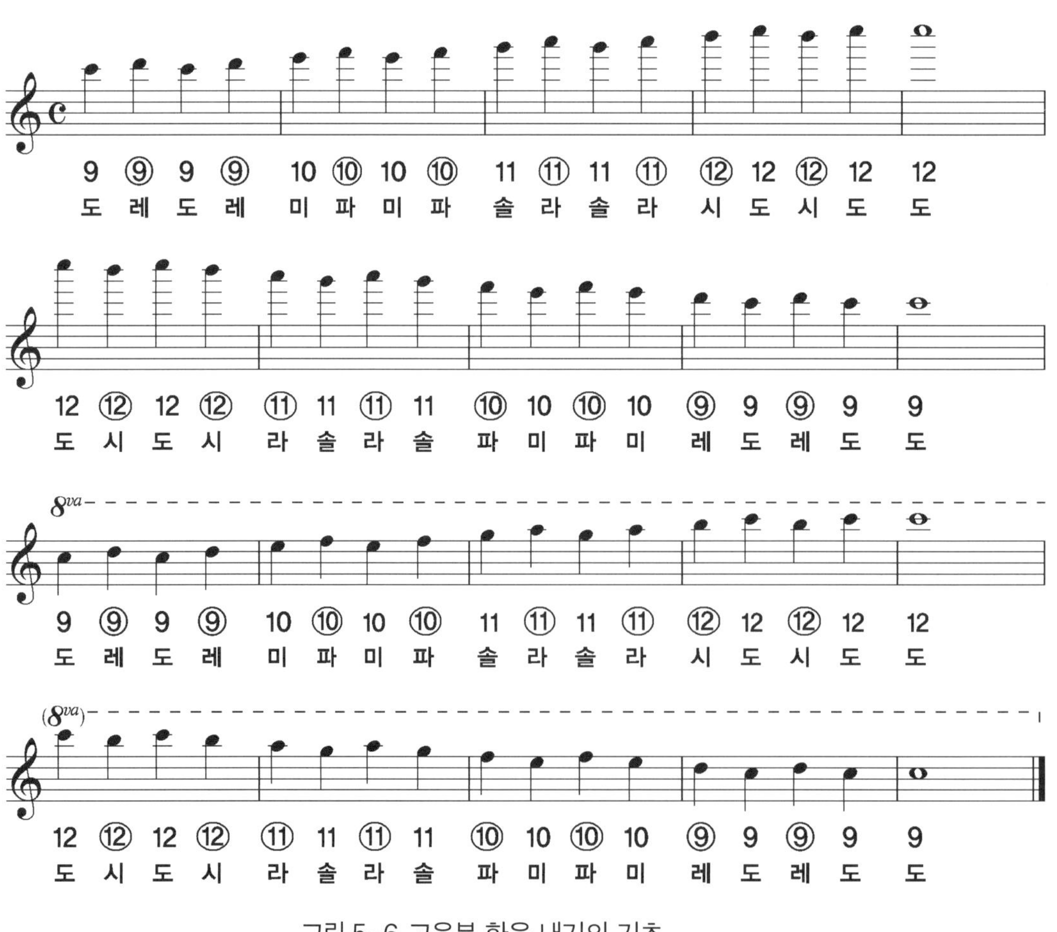


그림 5-6 고음부 한음 내기의 기초

그림 5-6은 고음부 한음 내기 기초의 악보이다. 1마디-10마디의 고음부는 오선의 위쪽으로 많이 벗어나서 표시되어 덧줄이 많아 악보 보기에 어려움이 있다. 악보를 보기에 편리하도록 1옥타브를 낮추어 표시하고 윗쪽에 8*va* 기호(실제 음은 한 옥타브 올린 소리로 냄)를 사용해서 11~20 마디와 같이 표기한다. 즉, 1~10마디와 11~20마디는 같은 악보이다. 실제 연습은 11~20마디 악보로 연습한다.

### (2) 고음부 스케일(C 장조) 연습

그림 5-7은 고음부 스케일 연습이다. 3마디의 첫 음은 '레' 음으로 크로매틱 하모니카의 가장 높은 음이다. 버튼을 누른 상태에서 12번 홀에서 들숨으로 소리를 낸다. 1~5마디와 6~10마디는 동일한 악보이고 8*va* 기호를 사용하여 보기에 편하게 표기하여 사용한다.

그림 5 – 7 고음부 스케일 연습

### (3) 고음부 응용연습

그림 5–8 고음부 응용연습(학교 종)

그림 5-8은 고음부에서 '학교 종'의 악보이다. 한 옥타브($8^{va}$) 아래로 표기되어 있다. 홀 번호에 따라 연주를 하면 고음부의 소리가 난다. 같은 음이 반복될 때 앞에서 설명한 음 끊기를 이용하여 음을 끊어서 연주한다. 'U'와 'Tu'를 이용하여 음 끊기 연습을 한다.

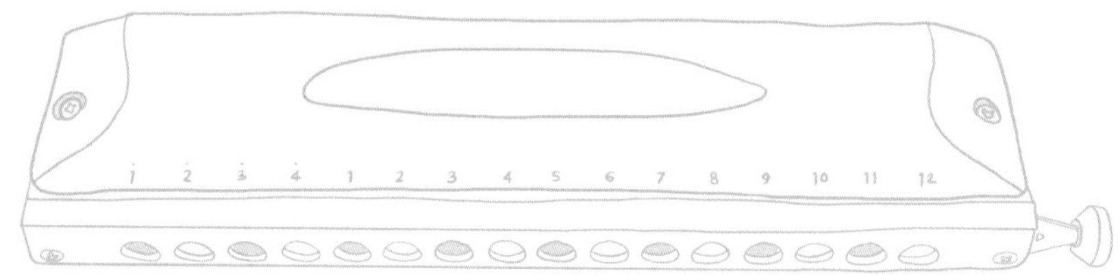

## 6

# 버튼 사용하기

크로매틱 하모니카는 버튼을 사용하여 반음을 내는 것이 가장 큰 특징이다. 버튼을 누르면 반음이 올라가는 음이 나온다. 즉, 피아노의 검은 건반에 해당되는 음이 나온다. 버튼은 오른손의 검지로 누르되 손가락의 첫째 마디(손가락 끝)나 둘째 마디 중 어디를 사용해도 좋다. 초보자들은 힘이 많이 들어가서 어려워하는 경우도 있다. 버튼의 스프링을 조금 약하게 튜닝할 수도 있지만, 이물질 등으로 버튼이 제자리로 잘 돌아오지 않을 수도 있으므로 초보자들은 그대로 사용하는 것이 좋다. 프로 연주자들은 속주를 위해 스프링을 좀 약하게 튜닝해서 사용하기도 한다. 다만, 마우스피스의 세심한 관리가 필요하다.

### 1) 버튼 사용하기의 기본연습

그림 6-1은 버튼 사용하기 기본연습이다. 1마디에서 '♯파'는 '미'의 날숨 연주 후 버튼을 누름과 동시에 들숨을 내면서 연주하게 된다. 호흡과 버튼이 엇박자가 나면 정확한 연주가 되지 않으므로 주의한다. 3마디에서 '솔' 다음의 '♯파'는 홀의 이동과 동시에 버튼이 사용된다. 버튼과 호흡 그리고 홀의 이동이 동시에 일어나는 점에 주의한다. 5마디는 저음부 '♯파'의 연습이다. 저음부는 리드가 약간 늦게 반응할 수 있으므로 주의한다.

13마디는 '♭시'의 악보상 위치는 '도' 바로 아래에 한 칸 차이로 표기되지만 하모니카의 홀은 3번 홀에서 '♭시(♯라)' 소리가 난다. 즉 악보의 표기보다 홀 간격이 큰 차이가 있는 점에 유의한다.

그림 6 - 1 버튼 사용하기 기본연습

## 2) 버튼 사용하기의 응용연습

그림 6-2는 반음이 많이 나오는 '콜로라도의 달' 연습곡이다. 1마디 저음부 '♯솔' 연습과 5마디의 크로매틱 스케일로 반음씩 내려오는 연습의 사례이다.

그림 6-2 버튼 사용 응용연습(콜로라도의 달)

### 3) 손바꿈 주법을 위한 버튼 사용

손바꿈 주법이란 '파'를 '♯미'으로, '도'를 '♯시'으로 연주하는 것을 의미한다. 이명동음(異名同音: 다른 이름의 같은 음)이라 한다. 같은 음높이인데 크로매틱의 다른 리드를 사용하는 방법이다. 하모니카는 들숨 날숨이 바뀜으로 인해 음과 음 사이가 분할(데타셔: detach, 분할주법)되는 현상이 발생한다. 이러한 단점을 극복하기 위해 슬러(다른 음높이의 음을 연결) 또는 레가토(음과 음 사이를 끊어지지 않도록 부드럽게 연주함) 연주가 가능하도록 한다. 그림 6-3에서 1절 홀 번호로 연주해 보고 2절 홀 번호로 연주해 보자. 1절은 슬러가 잘 되도록 하기 위해 손바꿈 주법을 이용하였다. 1마디에서 네 번째 '도'를 그 앞의 '시'에서 버튼만 눌러서 들숨으로 '도'를 내고 다음의 '시'는 버튼을 떼면 된다. 2마디에서 두 번째 '솔' 다음에 나오는 '파'는 6번 홀의 날숨에 버튼을 눌러서 '파(♯미)'를 내면 슬러가 된다. 이어서 나오는 '도-레'의 '도'는 4번 홀 들숨과 버튼을 이용해서 내면, 이어지는 '레'까지 슬러로 연결이 된다. 3마디 '파미'와 '도시'도 같은 요령으로 연주하면 부드럽게 슬러가 된다. 2절의 홀 번호 연주를 통해 비교해 본다.

그림 6-3 손바꿈 주법

### 4) 꾸밈음에서 버튼 사용하기

크로매틱의 버튼을 사용하면 꾸밈음을 쉽게 낼수 있는 특징이 있다. 그림 6-4 버튼을 사용한 꾸밈음 악보를 통해서 꾸밈음 연습을 할 수 있다. 1마디 세 번째 음에서 '미'의 날숨 상태에서 버튼을 누르면 '파'로 바뀐다. 3마디에서 두 번째 '도'의 꾸밈음은 '시' 들숨에서 버튼을 누르면 '도'로 바뀐다. 세 번째 '미'의 뒷꾸밈음은

그림 6-4 버튼을 사용한 꾸밈음

'미' 날숨에서 '미'를 불다가 '레'로 넘어가기 직전에 버튼을 순간적으로 눌렀다 떼면 뒷꾸밈음이 쉽게 연주된다.

## 5) 트릴에서 버튼 사용하기

그림 6-5는 트릴에서 버튼을 사용하는 사례이다. 1~4마디의 악보 표기는 5~8마디와 같이 연주한다. 음표상에 32분 음표로 표기했지만 꼭 맞추어 연주할 필요는 없다. 적절히 빠르게 연주하면 된다. 트릴은 기본적으로 표기된 음표를 기본으로 시작해서 음계상의 한음(또는 반음) 높은 음을 빠르게 반복하는 것이다. 시대에 따라서 높은 음으로부터 시작하는 경우도 있다. 크로매틱 하모니카는 버튼을 누르면 반음이 높아지므로 간단하게 반음만 올린 트릴로 연주하는 경우도 있다. 트릴을 들숨 날숨으로 바꾸어 연주하면 트릴의 맛을 못 느끼기 때문이다. 빠른 트릴 연주시에 오른손 검지 손가락의 힘이 부족하므로 손바닥을 사용해서 트릴을 구사하기도 한다.

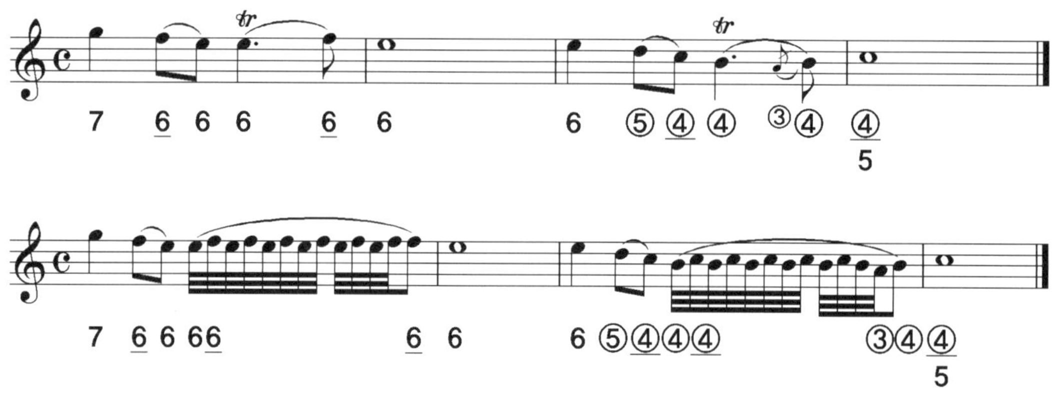


그림 6-5 트릴에서 버튼 사용

# 7
# 음계

음계는 한 옥타브 내에서 음의 간격과 배열에 따라 여러 가지가 있다. 우리가 즐겨 듣는 대부분의 음악은 장음계와 단음계를 이용해서 만들어진다. 음계는 장음계와 단음계로 구분된다. 단음계는 자연단음계, 화성단음계, 가락단음계로 구분된다.

## 1) 장음계

장음계 중 C장조는 그림 7-1과 같이 근음(기준음) 도(1번째 음)에서 시작해서 그림과 같이 한 옥타브 위의 도(8번째 음)까지 음계를 기준으로 3-4번째(미~파)와 7-8번째(시~도) 음 사이가 반음이고 나머지는 온음으로 이루어진다. G장조의 경우, '솔'이 근음이 되고 순서대로 올라가면 7번째 음(파)와 8번째 음 사이가 온음이 된다. 따라서 반음 간격으로 만들기 위해 '파'에 '♯'을 붙여서 '♯파'를 만들면 G장조 스케일이 완성된다. F장조 스케일의 경우, '파'에서 근음이 시작되고 순서대로 올라가면 라(3번째 음), 시(4번째 음) 사이가 반음이 되어야 하므로 '시'를 반음 내려서 '♭시'로 만들어야 장음계가 완성된다. 다른 조들도 조옮김을 이용해서 근음(첫번째 기준음)을 옮기면 반음의 위치가 달라지므로 위의 순서대로 3-4번째와 7-8번째 음이 반음 배열로 만들기 위해 ♯ 또는 ♭을 붙이게 된다.

그림 7-1(a) 장음계

## 2) 단음계

### (1) 자연 단음계

자연 단음계는 장음계의 '라'부터 시작해서 같은 음의 간격으로 한 옥타브 위까지 평행하듯 진행되는 음계이다. 장음계로부터 단3도 아래에 평행으로 나란히 진행된 음계이므로 '나란한 조'라고도 한다. 장음계 C-Key 기준으로 자연 단음계는 '라(A)'에서 시작되므로 'Am-Key'가 된다. 그림 7-1(b)와 같이 2~3번째 음 사이와 5~6번째 음 사이가 반음으로 구성된다.

그림 7-1(b) 자연 단음계

### (2) 화성 단음계

화성 단음계는 그림 7-1(c)와 같이 7번째 음(솔)을 반음 올린(♯솔) 음계이다. 6번음(파)와 7번음(♯솔)의 사이는 온음 반(단3도)의 간격이 있다. 흘러간 옛 노래에 화성 단음계를 많이 사용한다.(예: '목포의 눈물', '대전 블루스' 등) 트레몰로나 다이아토닉 하모니카는 화성 단음계의 배열로 된 악기가 따로 생산되고 있다. 크로매틱 하모니카는 레버를 사용해서 반음계 스케일을 내면 된다.

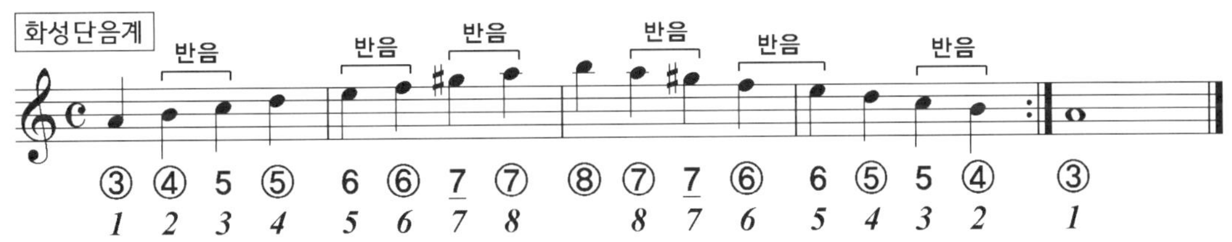


그림 7 – 1(c) 화성 단음계

### (3) 가락 단음계

그림 7-1(d)는 가락 단음계를 나타낸다. 가락 단음계는 올라가는 스케일의 경우에는 6번째 음과 7번째 음을 반음 올리고, 내려가는 스케일의 경우에는 자연 단음계를 따라 진행한다. 올라가는 스케일의 경우에는 윗 근음(8번째 '라')을 향해 더 가까이 가는 느낌을 준다.

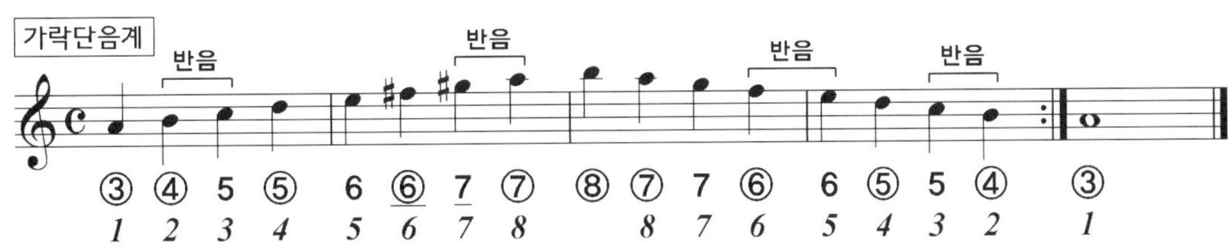


그림 7 – 1(d) 가락 단음계

## 3) 조 옮김 및 근음

악보에는 조 옮김 표가 붙어 있는 경우가 많다. C키로 연주해도 모든 음악의 연주가 가능하다. 조 옮김 표가 붙어 있으면 크로매틱 하모니카 연주자는 버튼을 많이 사용하기 때문에 어렵게 느껴진다. 노래 악보는 조표가 많이 붙어 있다. 성악가는 소프라노, 메조소프라노, 테너, 바리톤 등 각자 낼수 있는 적절한 음역대가 있다. 따라서 연주자마다 선호하는 음역대에서 음의 최대 높이가 있으므로 음악에 전체적으로 조표를 붙여서 음역대를 이동해서 연주한다. 크로매틱 하모니카도 적절한 음역대가 있다. 연주 중에 고음이 많으면 찢어지는 소리로 느껴지고, 저음 역대에서 연주가 끝나면 무겁고 맥없는 음악으로 느껴질 수 있다. 따라서 악기에 맞는 음역대를 적절히 활용하여 듣기 좋은 연주가 되도록 조표를 붙여서 근음을 이동해서 연주하게 된다. 일반적인 연주에서는 원본의 악보를 그대로 연주해도 무방하다.

### (1) 조 옮김의 원리

조 옮김의 원리는 스케일이 만들어지는 원리를 이용한 것이다. 근음에서 완전 5도씩 올리면 13음 반음(크로매틱)스케일이 만들어진다. ♯은 한 개씩 붙일 때마다 근음이 완전 5도씩 올라가는 것이다. ♭은 한 개씩 붙일 때마다 근음이 완전 5도씩 내려가는 것이다.

### (2) 근음 찾기

근음을 찾는 것은 노래하는 사람들에게는 매우 중요하다. 우리 머릿속에는 장조의 경우 그림 7-1(a)와 같이 3~4째음(미~파), 7~8째음(시~도)의 사이가 반음으로 구성된 상대적인 음계로 기억하기 때문이다. 근음을 찾는 가장 쉬운 방법은 ♯의 경우 마지막 위치의 ♯위치를 상대음 '시'라고 기억하고, ♭의 경우는 마지막 ♭ 위치를 '파'로 기억하고 근음을 찾는 방법이다.

5도 옮김의 원리를 이용하면 C-Key에서 ♯을 한 개 붙여서 5도를 올리면 '**도**레미파**솔**' 다섯 번째 음인 '**솔**'이 근음(사장조)이 된다. 다시 5도를 올리면 '**솔**라시도**레**'에서 '**레**'음이 근음(라장조)이 된다. C-Key에서 ♭을 한 개 붙이면 5도 내려가서 '**도**시라솔**파**'에서 '**파**'가 근음(바장조)이 된다. ♭을 두 개 붙이면 '**파**미레도**시**'에서 '**시**'가 근음이 되지만 '파미'와 '도시' 사이에 반음이 두 개 있어 감 5도가 되므로 완전 5도의 차이가 되도록 반음을 더 내려서 '**♭시**'가 근음(내림 나장조)이 된다. 이와 같은 요령으로 정리하면 표 7-1 조옮김 표가 얻어진다. 표에서 '사러가만나본다'와 '파나마가라사데'는 저자가 편리하게 기억하는 방법을 삽입한 것으로 참고로 하면 좋겠다는 생각에서 넣은 것이다. 단조의 경우 나란한조로 단3도를 내리면 된다. 예를 들어 C(Am), G(Em), F(Dm) 가 된다. 그림 7-2는 조 옮김 및 근음의 위치를 나타낸다.

크로매틱 하모니카의 경우 ♯이 붙은 악보가 홀을 찾기 쉽고 편하다. 그러나 실제 연주에는 ♯이 붙은 악보보다 ♭이 붙은 악보가 연주하기가 더 편하다. F(♭ 1개), B♭(♭ 2개), E♭(♭ 3개), A♭(♭ 4개)의 곡들이 들숨과 날숨의 변화가 적고 연주하기 편하므로 ♯이 붙은 악보를 ♭이 붙은 악보로 조를 옮겨서 연주하기도 한다. 각 조별 스케일은 교재의 뒷부분 Part 3에 수록되어 있으므로 새로운 조의 곡을 연습할 때 해당되는 스케일을 곡과 병행하여 연습하면 좋다.

표 7-1 조 옮김 표

| 조표 갯수 | 1개 | 2개 | 3개 | 4개 | 5개 | 6개 | 7개 |
|---|---|---|---|---|---|---|---|
| ♯ 위치 | **파** | **도** | **솔** | **레** | **라** | **미** | **시** |
| 근음 | 사 | 러 | 가 | 만 | 나 | 본 | 다 |
| | 사장조 | 라장조 | 가장조 | 마장조 | 나장조 | 올림 바장조 | 올림 다장조 |
| | G | D | A | E | B | F♯ | C♯ |
| ♭ 위치 | **시** | **미** | **라** | **레** | **솔** | **도** | **파** |
| 근음 | 빠 | 나 | 마 | 가 | 라 | 사 | 데 |
| | 바장조 | 내림 나장조 | 내림 마장조 | 내림 가장조 | 내림 라장조 | 내림 사장조 | 내림 다장조 |
| | F | B♭ | E♭ | A♭ | D♭ | G♭ | C♭ |

그림 7-2 조 옮김 및 근음 위치(장조)

# 8
# 비브라토

HARMONICA

## 1) 비브라토의 특징

비브라토는 연주자의 특징을 나타내고 음악성을 표현하는 중요한 기술이다. 하모니카는 다른 악기보다 다양한 비브라토가 가능하다. 비브라토의 종류는 1)핸드커버 비브라토 2)음량 비브라토 3)음정 비브라토 4)복합 비브라토 등이 있다.

## 2) 핸드커버 비브라토(음색 비브라토)

핸드커버(Hand cover) 비브라토는 하모니카의 소리가 나오는 앞쪽을 핸드로 닫은 상태와 연 상태를 반복해서 하모니카의 음색을 바꾸는 음색 비브라토이다. 클래식 음악 연주자들이 많이 사용한다. 닫은 상태(Mute)는 소리가 작고 먹먹한 소리가 나고, 연 상태는 음량이 크고 밝은 소리가 난다. 오른손은 버튼을 사용하므로 하모니카에 고정시키고 왼손을 주로 열고 닫으면서 비브라토를 한다. 빠른 비브라토가 가능하다. 버튼을 사용하지 않을 때 양손을 열고 닫으면 더욱 진폭이 큰 비브라토가 가능하다. 래리 애들러(Larry Adler)가 주로 사용하는 비브라토의 방법이다. 그림 8-1의 비브라토 연습곡을 통해 연습을 한다. 비브라토는 모든 음에 내는 것보다 긴 박자의 음에 내는 것이 좋다. 악보대로 핸드 비브라토를 하면서 점점 크게 연주하는 연습도 병행한다. 1절 홀 번호는 더욱 부드럽게 연결하기 위한 손바꿈 주법이다. 또한 2절의 홀 번호로도 연습을 해본다. "G선상의 아리아" 곡 전체는 Part 2에 수록되어 있다.

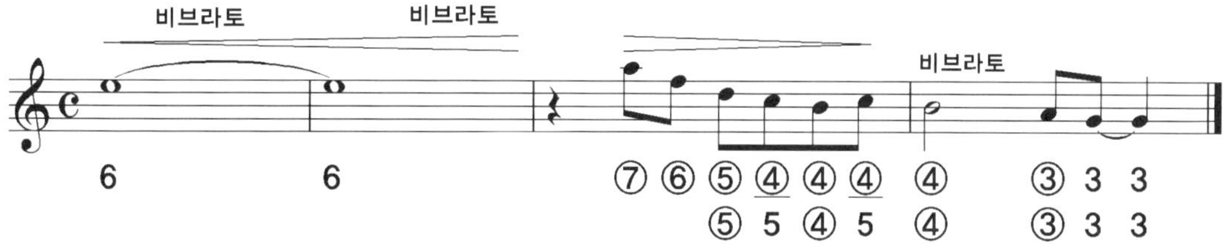


그림 8-1 비브라토 연습(G 선상의 아리아)

### 3) 음량 비브라토

한 음에서 길게 낼 때 음량의 변화를 강약으로 주어서 비브라토를 내는 방법이다. 그림 8-2의 악보는 음량 비브라토 연습을 위한 연습용 악보이다. 실제로 비브라토를 악보대로 연주하는 것은 아니다. 그림 8-2의 악보에서 2번째 마디의 '솔' 4박자를 6번째 마디 악보의 느낌으로 16분음표로 네 박자를 연습한다. 16분음표의 음 끊기는 'U, Hu, Ku'로 각각 연습을 한다. 음악의 빠르기에 따라 각각 다른 음 끊기(U, Hu, Ku)로 연주해 보면서 적절한 음량 비브라토의 표현을 찾도록 한다. 음량 비브라토에서 'Tu'는 사용하지 않는다. 10마디에서는 4분음표를 셋잇단음표로 끊어서 연습을 한다. 14마디는 4분음표 첫 박자는 음량 비브라토 없이 연주하고 두 번째 4분음표의 첫 16분음표를 붙여서 연주한다. 18마디에서 셋잇단음표도 같은 요령으로 첫 박자는 비브라토 없이 연주하고 셋잇단음표의 첫 음표까지 붙인 후 셋잇단음표 비브라토를 시작한다. 비브라토는 처음부터 하기 보다는 첫 시작은 비브라토 없이 연주하다가 뒷부분에서 비브라토를 하는 것이 좋을 수 있다. 음표의 뒷부분으로 갈수록 더 깊게 비브라토를 강조하는 것이 더 좋은 비브라토가 될 수 있다. 저음부, 중음부, 고음부의 리드에 따라 느낌이 달라지므로 고음 및 저음 리드에 맞는 음량에 변화를 주는 방법을 찾도록 한다. 음량 비브라토 연습을 위한 악보는 Part 3에 수록되어 있다.

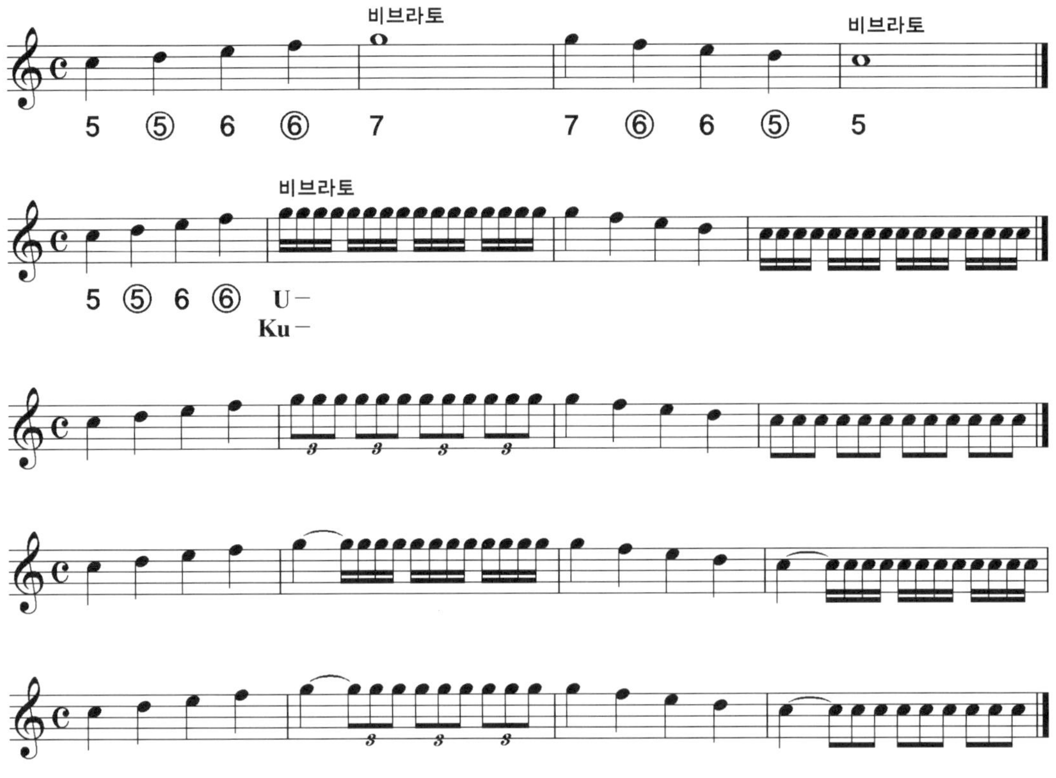


그림 8-2 음량 비브라토 연습

### 4) 음정 비브리토(벤딩 비브라토)

하모니카는 벤딩(Bending)을 통해서 음정을 떨어뜨리고 원래 음정으로 돌아오는 원리를 반복하는 비브라토 방법이다. 현악기의 비브라토와 유사하게 음정에 변화를 주어 비브라토를 구사한다. 벤딩은 한 구멍에서 사용하지 않는 반대 리드의 음정이 사용하는 리드의 음정보다 낮을 때 벤딩이 가능하다. 벤딩은 다이아토닉 하모니카에서 많이 사용하지만 크로매틱 하모니카에서도 사용한다. 그림 8-3의 악보에서 첫마디 두 번째 음표 '♯도'의 홀 번호가 ⑤번 들숨으로 되어 있는 것에 주의한다. 본 악보에서는 '⑤♭'로 표시했다. ♭는 bending을 나타낸다. '♯도' 음을 '레' 위치에서 벤딩을 이용하여 '♯도'에 가깝게 낸다. 즉 '레'의 음정을 떨어뜨리는 데 벤딩이 사용된다. 3마디에서 '라(⑦)' 음도 같은 요령으로 '♯솔(⑦♭)'을 벤딩으로 연주한다. 1~4마디 연주가 가능해지면 5~8마디의 연주를 시도한다. 비브라토는 진폭이 크고 주기가 긴(주파수는 작고) 듯한 즉, 느린 듯한 연주가 듣기에 좋다. 메트로놈을 켜서 여러 속도로 연습 한다.

그림 8-3 벤딩을 이용한 음정 비브라토

### 벤딩(Bending) 연습 방법

벤딩은 혀를 이용하여 리드를 지나는 바람의 방향을 바꾸어 음정을 떨어뜨리는 기법이다. 크로매틱의 경우 초보자들은 저음부에서 본인도 모르게 벤딩이 걸려서 음정이 떨어지기도 한다. 리드에 벤딩이 걸리면 음정이 떨어지고 약간 탁한 음색이 난다. 위의 5번 홀 '레' 들숨에서 '레'를 '오~~' 발음으로 정상으로 내다가 혀의 뒤쪽을 들어 올리고 혀의 끝은 아래로 하면서 '우~~' 발음으로 바꾸면 음정이 떨어진다. 벤딩 연습의 초기에는 벤딩음을 정상음보다 강하게 해야 벤딩이 된다. 숙달이 되면 같은 강도로 벤딩이 가능하다. 같은 강도로 벤딩을 해야 벤딩 비브라토를 구사할 수 있다. 벤딩의 설명은 유투브에 여러 방법이 제시되어 있으니 참고해도 좋다. 벤딩 요령을 터득하는 데 시간이 걸린다. 벤딩의 집중적인 연습을 위해서 다이아토닉 하모니카 3홀(들숨 '라')로 연습하면 좋다.

## 5) 복합 비브라토

음량과 음정 비브라토를 합쳐서 내는 비브라토이다. 원음을 강하게 내고 이어 나오는 약한 음에서 음정을 낮추어 비브라토를 한다. 원 음정을 크게 하고 떨어뜨리는 음을 더욱 약하게 표현하면 깊은 비브라토의 느낌을 준다. 프란츠 크멜(Franz Chmel), 도쿠나카 노부오(徳永延生) 등의 연주자가 잘 사용하는 방법이다. 그림 8-4의 악보는 '슈베르트 아베마리아'의 첫 부분이다. 첫째 줄과 둘째 줄은 같은 곡을 다르게 표현한 것이다. 원곡의 1~2마디는 아주 느리게(♩=25 정도의 빠르기) 연주한다. 너무 느린 박자는 맞추기가 어렵다. 3~6마디는 1~2마디와 같은 곡이지만 두배로 늘려서 표시한 것이다. 박자속도를 두배로 늘려서 ♩=50으로 카운트해서 연주하게 된다. 느린 곡은 비브라토가 없으면 너무 밋밋하게 느껴지므로 비브라토를 사용하는 것이 좋다. 곡 전체는 Part 2에 수록되어 있다.

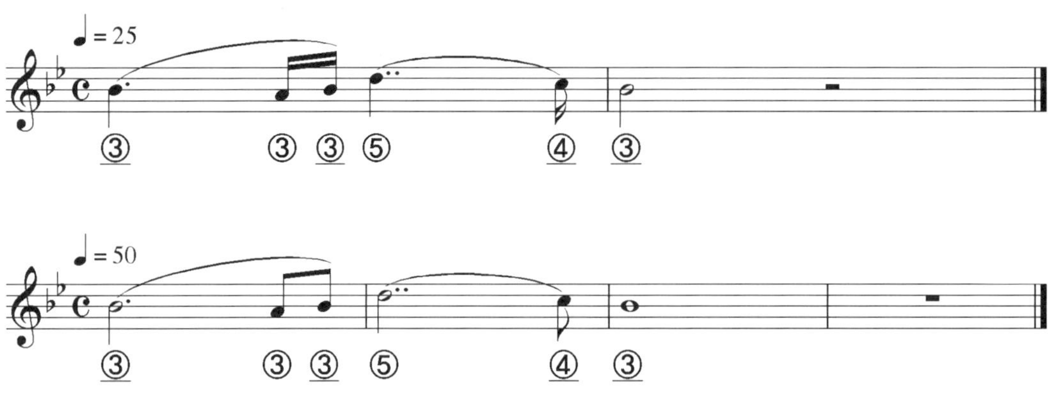


그림 8-4 복합 비브라토(슈베르트 아베마리아)

• 참고(Franz Chmel)

이 곡은 B♭장조이고 크로매틱 하모니카로 연주하면 들숨이 많아진다. 이 소절은 모두 들숨으로 연주하도록 홀 번호가 표기되어 있다. 이와 같은 곡은 레가토의 연주가 필수이다. 곡 전체는 Part 2에 수록되어 있다.

# 9
# 화음 주법

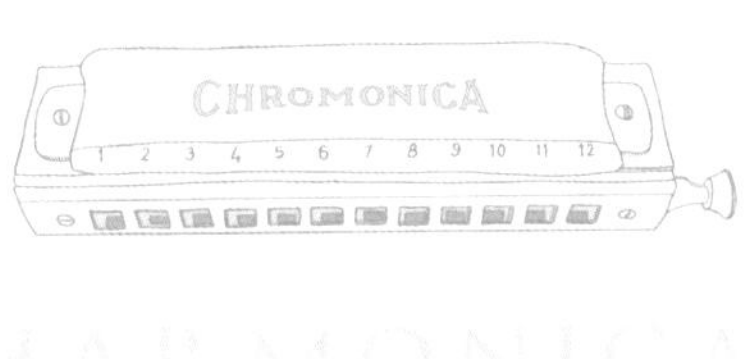


크로매틱 하모니카는 연주 시 화음을 낼 수 있다. 피아노와 같은 다양한 화음을 낼 수는 없지만, 하모니카의 음 배열을 이용하여 3도, 5도, 6도, 8도 등 화음을 낼 수 있다. 8도 옥타브 주법은 고음의 멜로디 연주 시 가장 많이 사용하는 화음 주법이다.

## 1) 3도 주법

그림 9-1(a)는 '미' 단음내기의 사례이다. '미' 단음을 내면서 그림 9-1(b)와 같이 입술의 왼쪽을 넓혀서 '도'음을 동시에 내면 '도 미' 3도 주법이 된다. 초보자들은 한 구멍에 소리를 못 내고 불면 두 구멍에서 소리가 나서 자연스럽게 3도 주법이 되기도 한다.

그림 9-1(a) 3도 주법의 단음 내기

그림 9-1(b) 3도 주법의 화음 내기

그림 9-2는 3도 주법의 연습곡이다. 1마디에서 '미'만 2박자을 불다가 '미'를 유지하면서 왼쪽으로 입술을 넓혀서 '도'음을 동시에 내면 장3도의 화음이 된다. 이때 '미'음의 네 박자가 끊기지 않고 연속되도록 연주해야 한다. 2마디는 들숨으로 '파'를 2박자 내다가 입을 왼쪽으로 넓혀서 '레'와 '파'를 동시에 내서 단3도 화음으로 연주하는 것이다. 3마디와 4마디도 같은 요령으로 '솔'과 '미', '라'와 '파'를 각각 3도 화음으로 연주하는 것이다. 10마디 이후는 동시에 3도 화음을 연주하는 것이다.

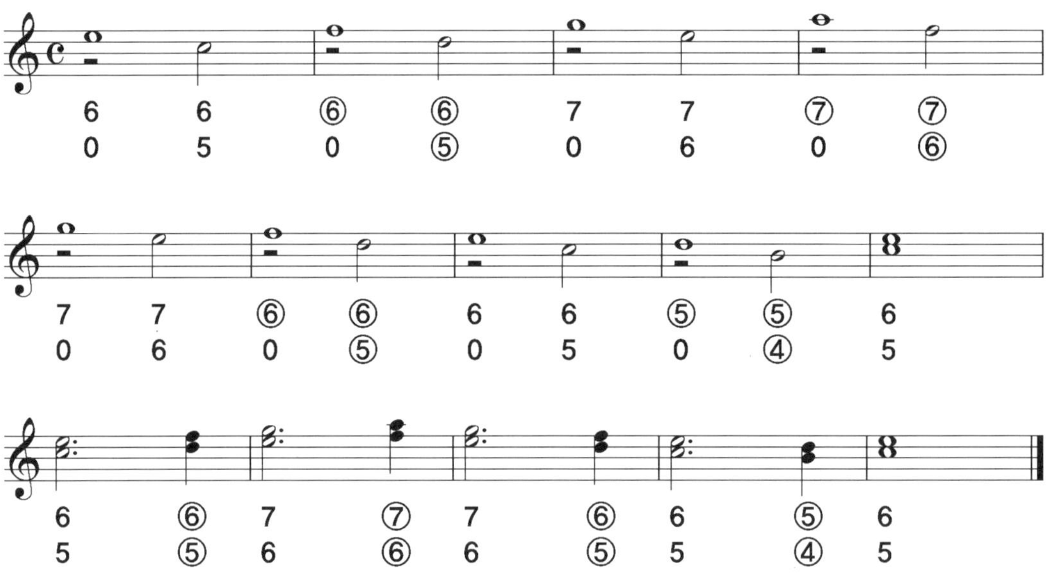


그림 9-2 3도 주법 연습곡

그림 9-3은 3도 주법을 이용한 '나비야'의 연습곡이다. 3도 주법 시 사용하는 두 구멍의 바람을 불어 넣는 강도에 따라 맑은 소리를 내는 방법을 찾는 것이 중요하다. 어느 한쪽 구멍이라도 좁게 물면 맑은 소리가 나지 않는다. 구멍을 무는 입술의 넓이가 두 구멍을 충분히 커버해야 맑은 화음을 낼 수 있다.

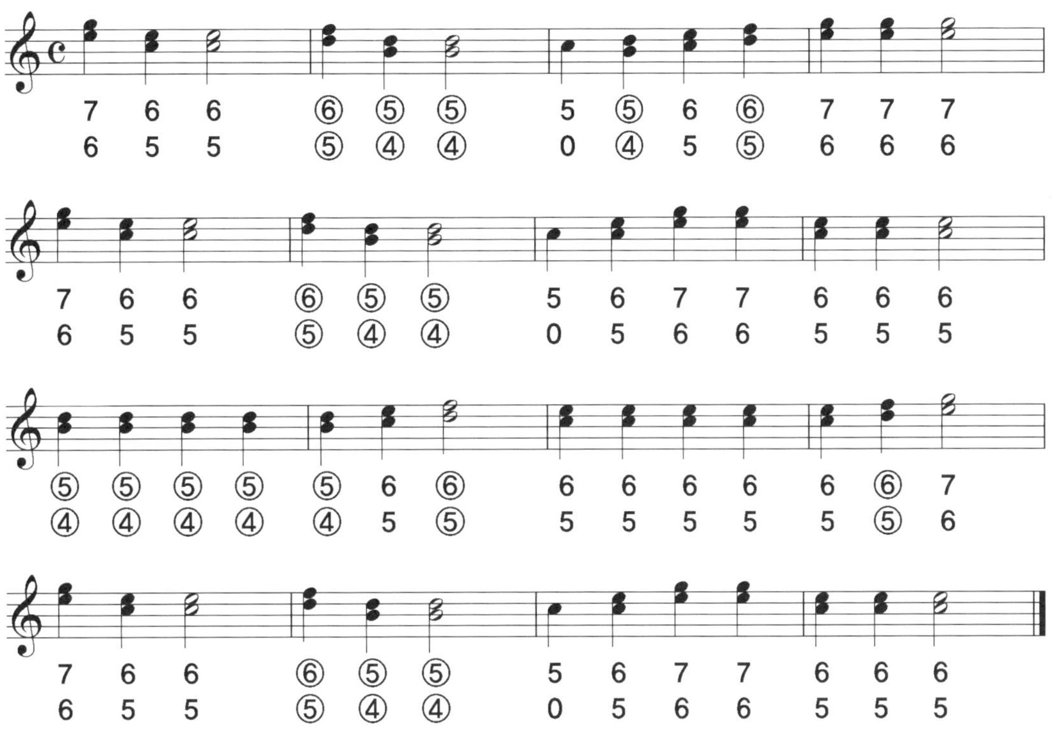


그림 9-3 3도 주법 연습('나비야')

## 2) 8도(옥타브) 주법

그림 9-4는 '도'의 8도 주법 시 입술과 혀의 위치를 나타낸다. 5번 홀의 '도'부터 9번 홀의 '도'까지 5개의 구멍을 물고, 혀의 중심이 7번 홀(솔)에 위치하는 것을 볼 수 있다. 혀끝의 중심을 7번 홀 중앙 위치하고 혀를 살짝 하모니카 쪽으로 밀어서 양쪽 6번 홀(미)과 8번 홀(도)을 막을 수 있다. 즉 세 개의 홀(6, 7, 8)을 막고 그 상태에서 입술을 조금 넓게 양쪽으로 벌려 혀와 입술 사이의 공간을 만들어서 5번 홀과 9번 홀의 '도'를 동시에 내면, 옥타브의 소리가 얻어진다. 크로매틱 하모니카는 음의 간격이 일정하므로 옥타브 주법은 5홀을 물고 중간 세 홀을 막고 좌우 양쪽으로 옥타브 소리를 만들 수 있다. '도' 옥타브 주법에서 8번 홀의 '도'는 사용하지 않는다. 다른 음도 같은 간격으로 한 홀의 간격으로 이동하면 옥타브 소리를 낼

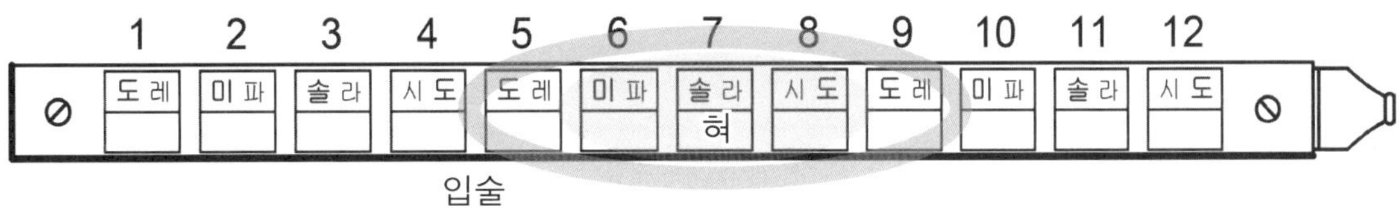


그림 9-4 '도' 옥타브 주법 시 입술과 혀의 위치

수 있다.

고음부 연주 시 고음만 단음으로 내면 볼륨이 약하고 날카로운 느낌의 소리가 난다. 따라서 한 옥타브 낮은 같은 음을 동시에 내어 옥타브 주법을 이용하면 풍성하고 부드러운 느낌의 연주가 되므로 고음부 연주 시 옥타브 주법이 자주 사용된다. 피아노에서도 고음부 연주 시 옥타브 주법을 많이 사용하는 것과 유사하다.

그림 9-5는 옥타브 주법을 위한 연습곡이다. 1~5마디는 도에서 솔까지 온음계 옥타브 기본 연습이다. 실제 연주 시 많이 사용되는 음역에 해당된다. 입술의 양쪽을 통해 소리 내는 홀의 넓이가 잘 확보되어야 맑고 풍성한 소리를 낼 수 있다. 스케일 연습 시 옥타브 연습을 병행하면 좋다. 6~15마디는 버튼을 사용한 반음계(크로매틱) 옥타브 연습이다.

그림 9-5 옥타브 주법 연습

그림 9-6은 옥타브 주법을 '작은 별'에 적용한 사례이다. 5개 홀의 일정한 간격으로 정확하게 이동하면서 옥타브 주법으로 맑은 소리를 내도록 연습한다.

그림 9-6 옥타브 주법('작은 별')

## 3) 6도, 5도 주법

그림 9-7(a)는 6도 주법의 사례이다. 7번 홀과 8번 홀의 칸막이에 혀의 중심을 두고 혀를 살짝 앞으로 밀어서 7번 홀과 8번 홀을 막고 양쪽 6번 홀 '미'와 9번 홀 '도'를 낸다. '미'와 '도'의 음 간격은 6도가 된다.

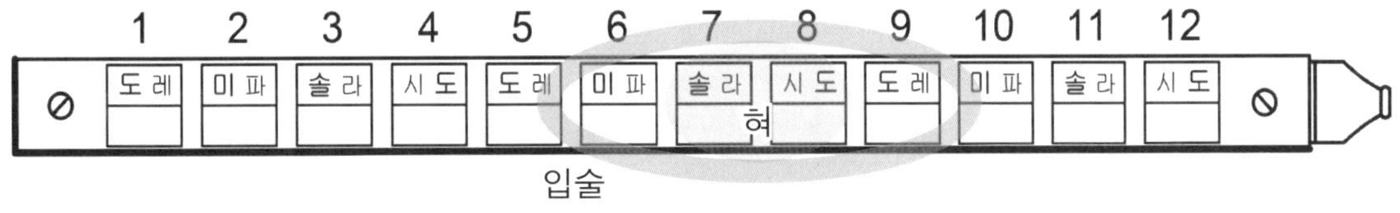


그림 9-7(a) 6도 주법

그림 9-7(b)는 5도 주법의 사례이다. 6도 주법과 동일한 간격으로 9번 홀과 10번 홀 사이의 칸막이에 혀의 중심을 둔 상태에서 혀를 살짝 앞으로 밀어 9번 홀과 10번 홀을 막고 양쪽을 열어서 소리를 내지만 8번 홀의 '도'와 11번 홀의 '솔' 5도 간격이 된다.

그림 9-7(b) 5도 주법

같은 방법으로 6번과 7번 홀을 막고 5번(도)과 8번 홀(도)에서 소리를 내면 옥타브 주법이 될 수도 있다. 이러한 옥타브 주법은 잘 사용되지 않는다. 혀의 중심 위치에 따라 6도 5도 또는 옥타브 주법까지 되는 특징이 있으므로 연주에 따라 잘 선택해서 사용해야 된다.

그림 9-8은 6도와 기타 화음을 사용한 사례('고요한 밤 거룩한 밤')이다. 1-2 마디는 3도 화음, 3마디는 6도 화음, 4마디는 6도와 3도 화음을 사용하였다. 화음을 낼 때는 마디 내에서 코드의 진행에 따라 가능한 코드 톤의 화음을 내도록 하는 것이 좋다.

그림 9-8 6도와 기타 중음을 사용한 사례('고요한 밤 거룩한 밤')

Part 2

# 연주곡

# 그 옛날에

PDF/MR
Download

Thomas Haynes Bayly

Intro
C
G7
C

A
C
G7
C
5 5 ⑤ 6 6 ⑥ 7 ⑦ 7 6 7 ⑥ 6 ⑤ ⑥ 6 ⑤ 5
도 도 레 미 미 파 솔 라 솔 미 솔 파 미 레 파 미 레 도
옛 날 에 즐 거 이 지 내 던 일 나 언 제 나 그 리 워 라
둘 이 서 거 닐 던 그 오 솔 길 정 다 웠 던 그 옛 날 에

9
C
G7
C
5 5 ⑤ 6 6 ⑥ 7 ⑦ 7 6 7 ⑥ 6 ⑤ 6 ⑤ 5
도 도 레 미 미 파 솔 라 솔 미 솔 파 미 레 미 레 도
동 산 에 올 라 가 함 께 놀 던 그 옛 날 의 친 구 들
오 늘 도 눈 앞 에 떠 오 르 네 다 정 한 벗 의 얼 굴

B
G7
C
G7
C
7 ⑥ 6 ⑤ 3 3 ⑥ 6 ⑤ 5 7 ⑥ 6 ⑤ 3 3 ⑥ 6 ⑤ 5
솔 파 미 레 솔 솔 파 미 레 도 솔 파 미 레 솔 솔 파 미 레 도
먼 산 에 진 달 래 곱 게 피 고 뻐 꾸 기 한 나 절 울 어 대 는
민 들 레 꽃 핀 그 언 덕 에 서 서 로 손 을 잡 고 속 삭 였 지

17
C
G7
C
5 5 ⑤ 6 6 ⑥ 7 ⑦ 7 6 7 ⑥ 6 ⑤ 6 ⑤ 5
도 도 레 미 미 파 솔 라 솔 미 솔 파 미 레 미 레 도
그 리 운 옛 날 의 그 얘 기 를 다 시 들 려 주 세 요
그 리 운 옛 날 의 그 얘 기 를 다 시 들 려 주 세 요

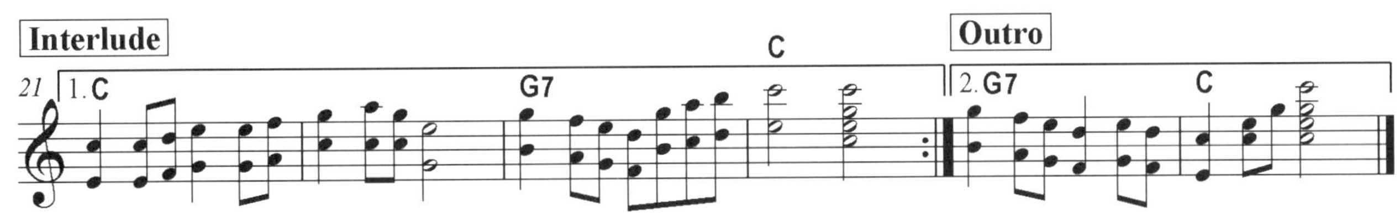
Interlude
Outro
21
1. C
G7
C
2. G7
C

# 꽃밭에서

어효선 작사

권길상 작곡

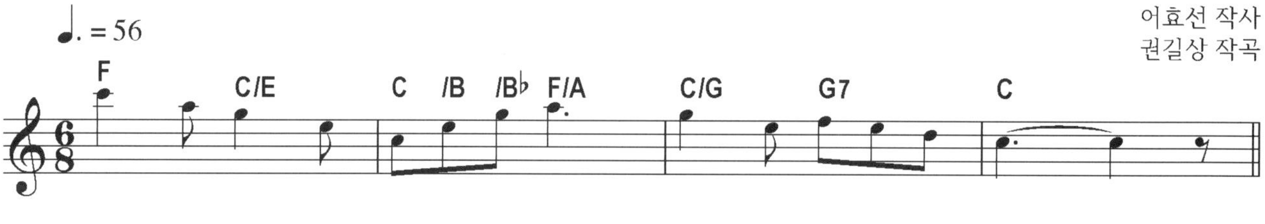

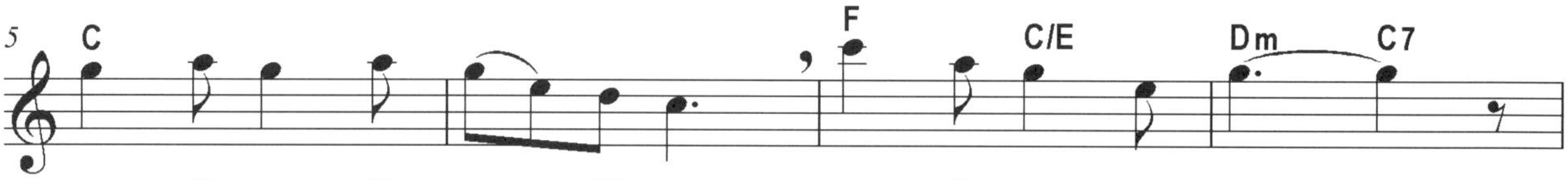

♩. = 56

F C/E C /B /B♭ F/A C/G G7 C

C F C/E Dm C7

7 ⑦ 7 ⑦ 7 6 ⑤ 5 9 ⑦ 7 6 7 –

솔 라 솔 라 솔 미 레 도 도 라 솔 미 솔 –

아 빠 하 고 나 - 하 고 만 든 꽃 밭 에 -

애 들 하 고 재 - 밌 게 뛰 어 놀 아 가 -

F C/E Am7 C/G G7 C

⑦ ⑦ 7 ⑦ 7 6 ⑤ 5 ⑤ 6 ⑤ 6 5 –

라 라 솔 라 솔 미 레 도 레 미 레 미 도 –

채 송 화 도 봉 숭 아 도 한 창 입 니 다 -

아 빠 생 각 나 - - 서 꽃 을 봅 니 다 -

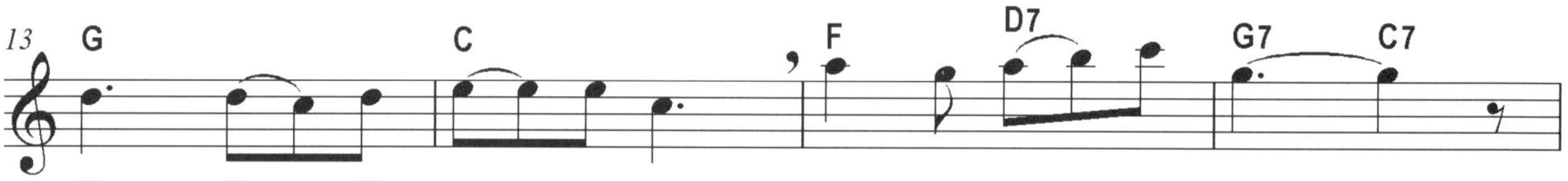

G C F D7 G7 C7

⑤ ⑤ 5 ⑤ 6 6 6 5 ⑦ 7 ⑦ ⑧ 9 7 –

⑧

레 레 도 레 미 미 미 도 라 솔 라 시 도 솔 –

아 빠 - 가 매 어 놓 은 새 끼 줄 - 따 라 -

아 빠 - 는 꽃 - 보 며 살 자 그 - 랬 죠 -

F C/E C /B /B♭ F/A C/G G7 C

9 ⑦ 7 6 5 6 7 ⑦ 7 6 ⑥ 6 ⑤ 5 –

⑧

도 라 솔 미 도 미 솔 라 솔 미 파 미 레 도 –

나 팔 꽃 도 어 울 리 게 피 었 습 - 니 다 -

날 - 보 고 꽃 - 같 이 살 자 그 - 랬 죠 -

F C/E C /B /B♭ F/A C/G G7 C

9 ⑦ 7 6 5 6 7 ⑦ 7 6 ⑥ 6 ⑤ 5 –

⑧ 6

도 라 솔 미 도 미 솔 라 솔 미 파 미 레 도 –

# 꿈길에서

김달성 역사
Stephen C. Foster 작곡

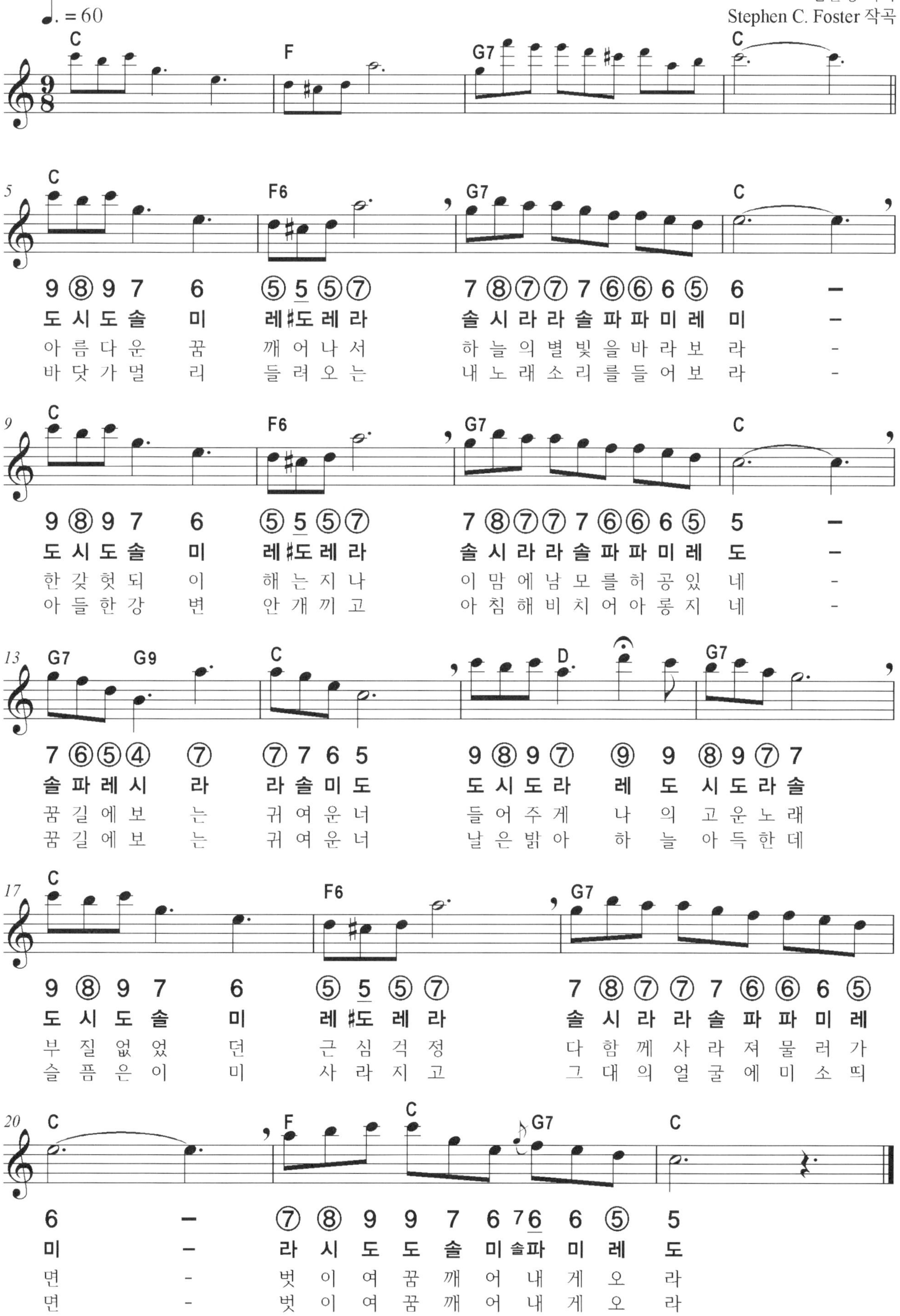

♩. = 60

C F G7 C

5 C F6 G7 C

9 ⑧ 9 7 6 ⑤ 5 ⑤ ⑦ 7 ⑧ ⑦ ⑦ 7 ⑥ ⑥ 6 ⑤ 6 –
도 시 도 솔 미 레 ♯도 레 라 솔 시 라 라 솔 파 파 미 레 미 –
아 름 다 운 꿈 깨 어 나 서 하 늘 의 별 빛 을 바 라 보 라 -
바 닷 가 멀 리 들 려 오 는 내 노 래 소 리 를 들 어 보 라 -

9 C F6 G7 C

9 ⑧ 9 7 6 ⑤ 5 ⑤ ⑦ 7 ⑧ ⑦ ⑦ 7 ⑥ ⑥ 6 ⑤ 5 –
도 시 도 솔 미 레 ♯도 레 라 솔 시 라 라 솔 파 파 미 레 도 –
한 갖 헛 되 이 해 는 지 나 이 맘 에 남 모 를 허 공 있 네 -
아 들 한 강 변 안 개 끼 고 아 침 해 비 치 어 아 롱 지 네 -

13 G7 G9 C D G7

7 ⑥ ⑤ ④ ⑦ ⑦ 7 6 5 9 ⑧ 9 ⑦ ⑨ 9 ⑧ 9 ⑦ 7
솔 파 레 시 라 라 솔 미 도 도 시 도 라 레 도 시 도 라 솔
꿈 길 에 보 는 귀 여 운 너 들 어 주 게 나 의 고 운 노 래
꿈 길 에 보 는 귀 여 운 너 날 은 밝 아 하 늘 아 득 한 데

17 C F6 G7

9 ⑧ 9 7 6 ⑤ 5 ⑤ ⑦ 7 ⑧ ⑦ ⑦ 7 ⑥ ⑥ 6 ⑤
도 시 도 솔 미 레 ♯도 레 라 솔 시 라 라 솔 파 파 미 레
부 질 없 었 던 근 심 걱 정 다 함 께 사 라 져 물 러 가
슬 픔 은 이 미 사 라 지 고 그 대 의 얼 굴 에 미 소 띄

20 C F C G7 C

6 – ⑦ ⑧ 9 9 7 6 76 6 ⑤ 5
미 – 라 시 도 도 솔 미 솔파 미 레 도
면 - 벗 이 여 꿈 깨 어 내 게 오 라
면 - 벗 이 여 꿈 깨 어 내 게 오 라

# 등대지기

유경손 역사
외국 곡

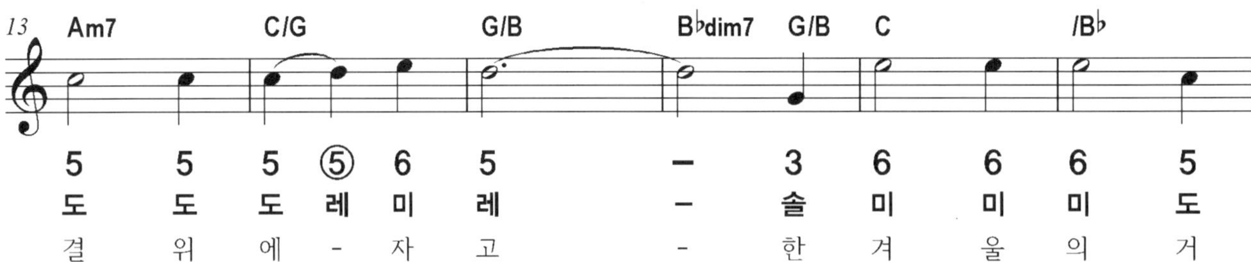

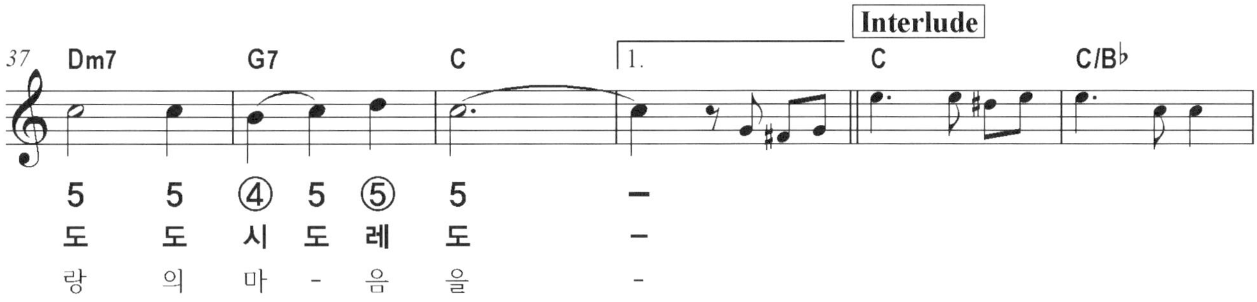
Interlude
37
Dm7 G7 C 1. C C/B♭
5 5 ④ 5 ⑤ 5 –
도 도 시 도 레 도 –
랑 의 마 - 음 을 -

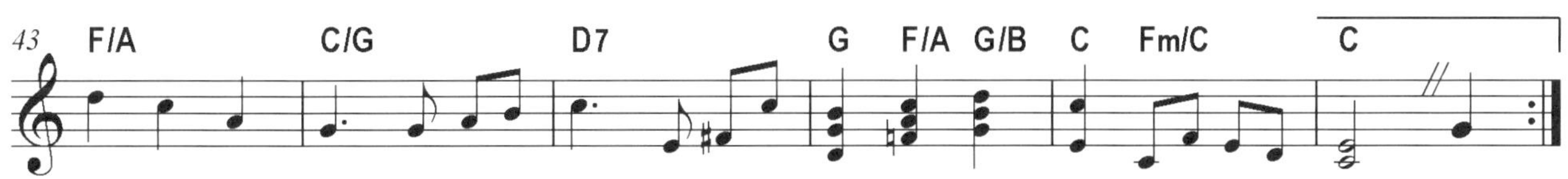
43
F/A C/G D7 G F/A G/B C Fm/C C

Ending
49
2. C C Gm7 Caug F C/E D7
– 3 6 6 6 5 ⑤ 5 ③ 3 3 5 5
– 솔 미 미 미 도 레 도 라 솔 솔 도 도
- 거 룩 하 고 아 름 - 다 운 사 랑 의

55
G7 C D7 G F/A G/B C
④ 5 ⑤ 5 – 3 5 5 ④ 5 ⑤ 5 –
④ ④ –
시 도 레 도 – 솔 도 도 시 도 레 도 –
마 - 음 을 - 사 랑 의 마 - 음 을 -

# 레오도르의 발라드

(Reodor's Ballade)

Bent Fabric
(Sigmund Groven Ver.)

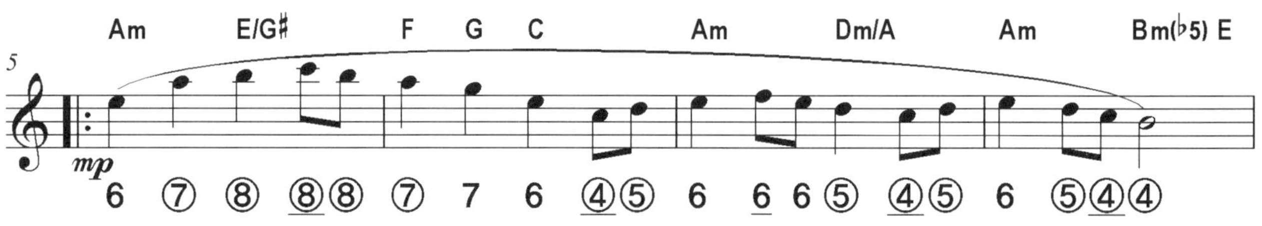


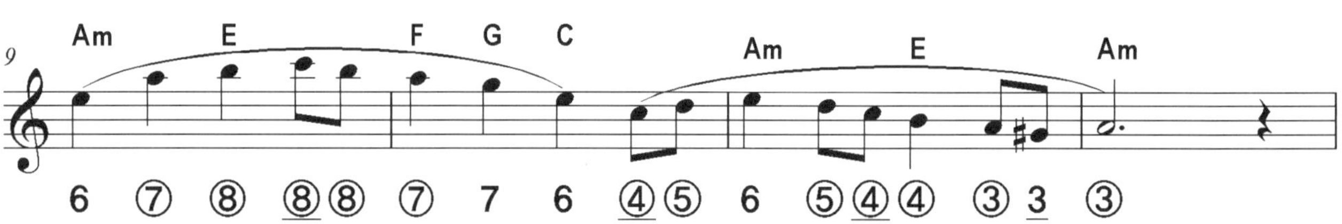


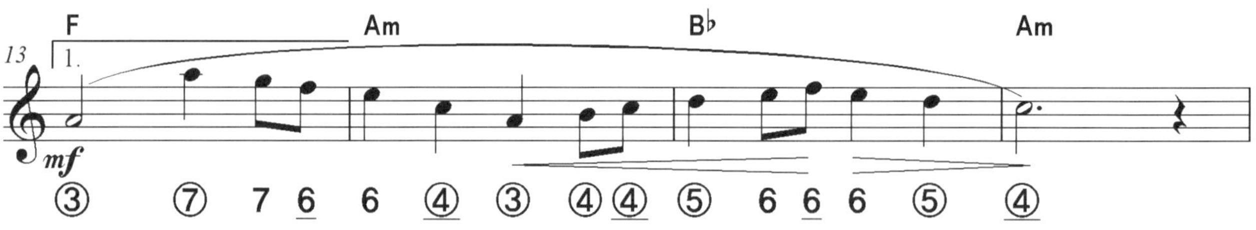


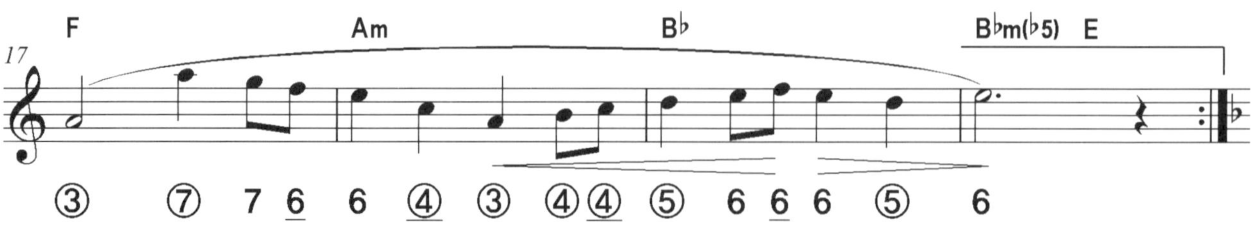

25
B♭
Dm
E♭
Em
A
f

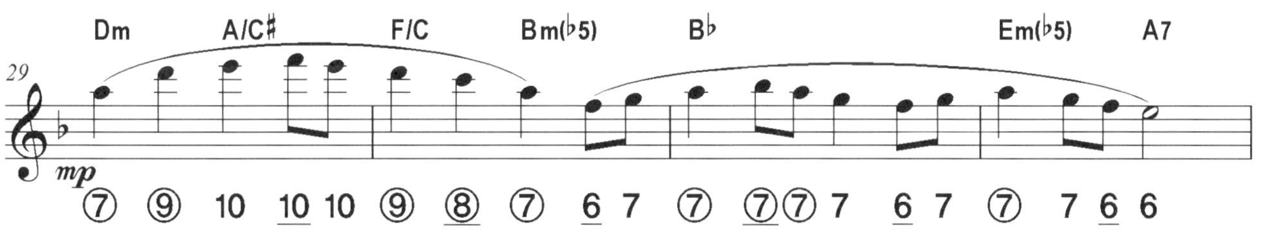
Dm
A/C♯
F/C
Bm(♭5)
B♭
Em(♭5)
A7
29
mp
⑦ ⑨ 10 10 10 ⑨ ⑧ ⑦ 6 7 ⑦ ⑦⑦ 7 6 7 ⑦ 7 6 6

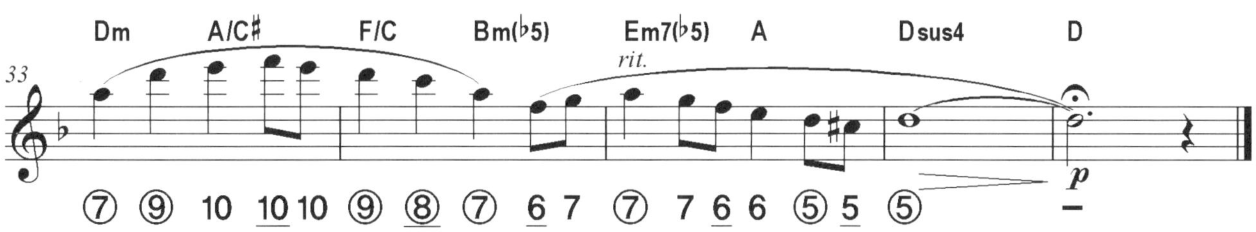
Dm
A/C♯
F/C
Bm(♭5)
Em7(♭5)
A
Dsus4
D
rit.
33
p
⑦ ⑨ 10 10 10 ⑨ ⑧ ⑦ 6 7 ⑦ 7 6 6 ⑤ 5 ⑤

# 마이 선
(My Son)

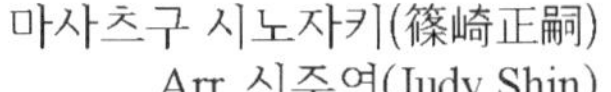

마사츠구 시노자키(篠崎正嗣)
Arr. 신주연(Judy Shin)

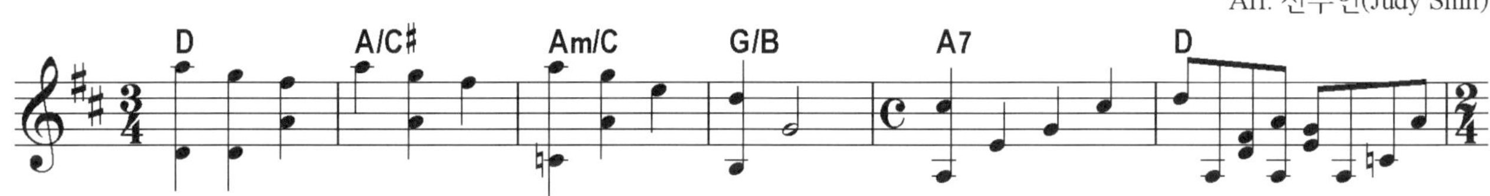


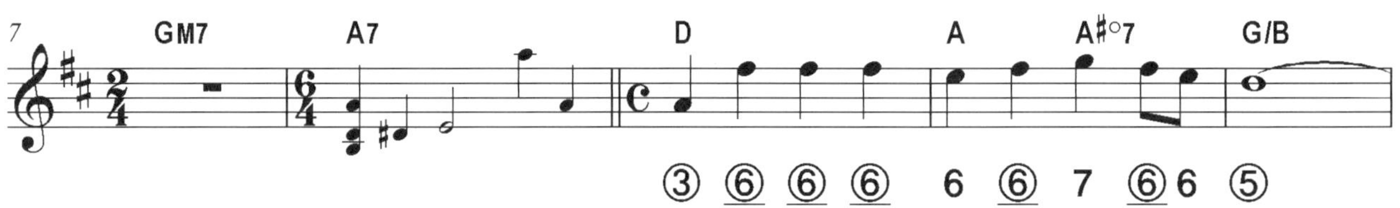


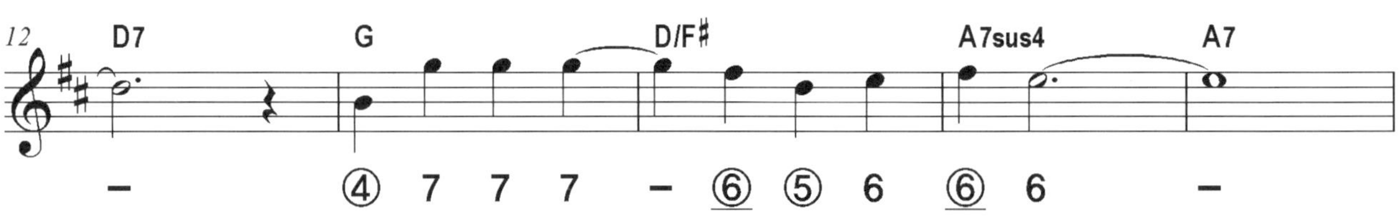

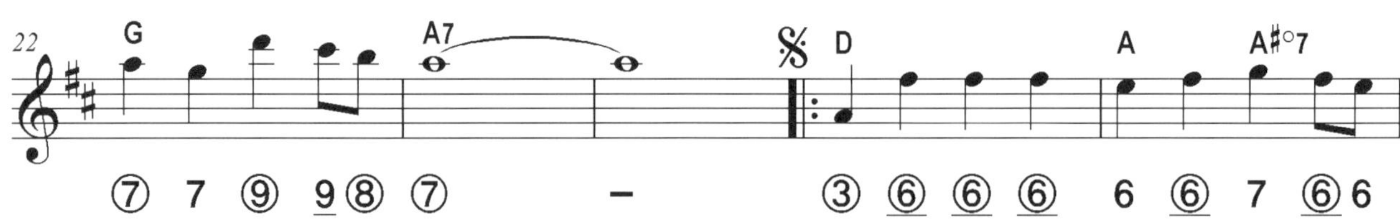

38
G Em7 A7 D G D/F♯ B7
⑦ 7 ④ 5 ⑤ ⑤ ⑧ 9 ⑨ 9 ⑧ ⑦ ⑥
43
Em7 B♭6 D/F♯ G F♯m7 Bm7 A7
rit.
7 7 ⑥ ⑦ ⑤ ⑧ 9 ⑨ 10 ⑦ ⑨ 6 7 ⑥ 5
48
D 2. D D7 G A7sus4 A+7
6 ⑤ ⑤ ⑤ 6 ⑥ ⑦ 7 ⑨ 9 ⑧ ⑦ –
53
F♯m7 F○7 Em7 A7
D.S. al Coda
G/B Em7 A7 D
⑦ 7 ④ 5 ⑤ –

# 문 리버

(Moon River)

Henry Mancini
(Sigmund Groven Ver.)
이영수 편곡

**Moderato**

F Dm Gm C F Dm
5 7 6
⑥

7 B♭ F/A B♭ F/A Dm Em7(♭5)
6 ⑤ ④ ③ ④ ② 6 ⑤ ④ ③ ④ ② 3

12 A7 Dm Cm B♭ E♭7
– ③ ② ④ ③ 3 2 ④ ③ 3

17 Dm Bm7(♭5) E7 Am D7 Gm C7 F Dm
② ③ ④ 6 6 ⑤ 6 ⑤ ④ ⑤ 5 7 6
⑥

23 B♭ F/A B♭ F/A Em7(♭5)
6 ⑤ ④ ③ ④ ② 6 ⑤ ④ ③ ④ ② *f* 3

28 A7 Dm F/C G/B B♭m6 Am
– ③ ② ③ ④ ⑥ 7 6 5
⑥

34 B♭ F/A B♭ Am Dm
*mp* 6 ⑤ ④ ③ ④ ② 6 ⑤ ④ ③ ④ ②

39 Gm C A♭ A A♭ 16
59 8va D♭ B♭m G♭ D♭/F
mp
63 (8va) G♭ D♭/F Cm7(♭5) F7
67 (8va) B♭m D♭/A♭ Gm7(♭5) G♭m6 Fm
f
72 (8va) G♭ D♭/F G♭ Fm
mp
rit.
rubato
76 (8va) B♭m E♭m A♭7 A DM7
81 D♭

# 바닷가의 추억

김희갑 작사 / 작곡

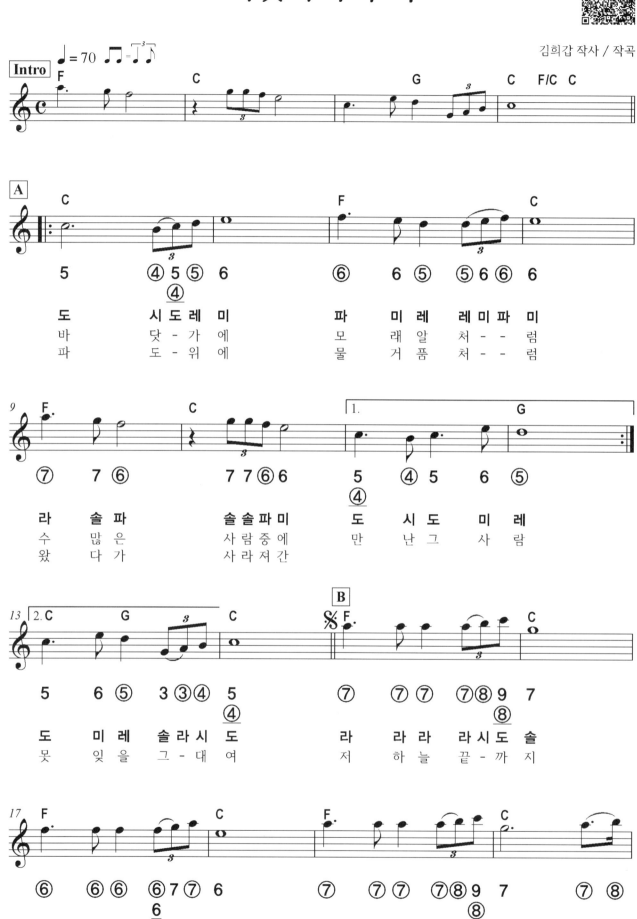

♩= 70

**Intro**

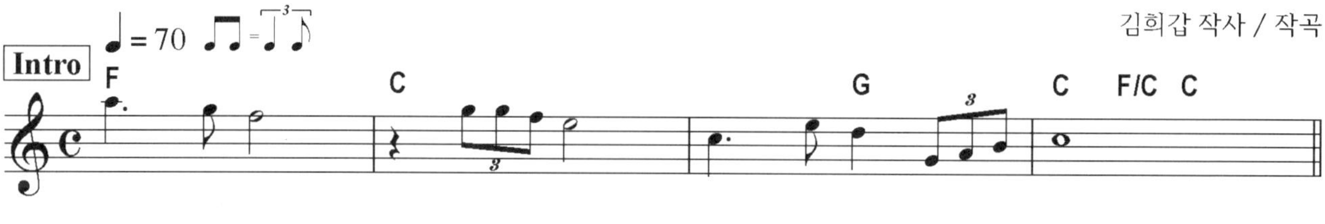

F C G C F/C C

**A**

C F C

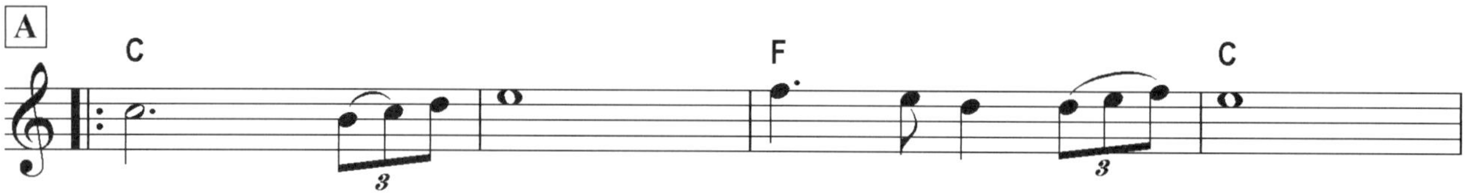

5 ④ 5 ⑤ 6 ⑥ 6 ⑤ ⑤ 6 ⑥ 6
④

**도 시 도 레 미 파 미 레 레 미 파 미**
바 닷 - 가 에 모 래 알 처 - - 럼
파 도 - 위 에 물 거 품 처 - - 럼

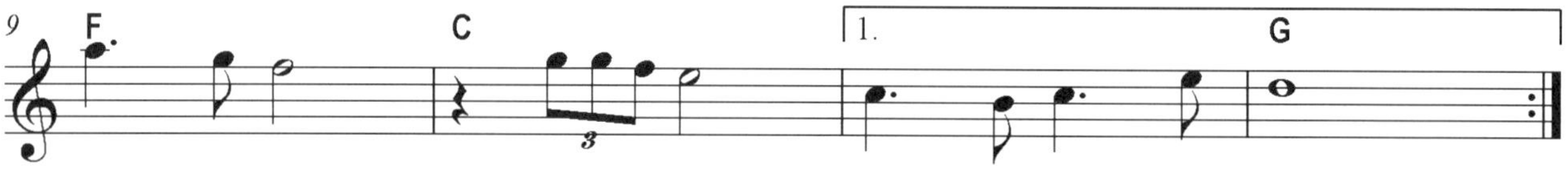

9 F C 1. G

⑦ 7 ⑥ 7 7 ⑥ 6 5 ④ 5 6 ⑤
④

**라 솔 파 솔 솔 파 미 도 시 도 미 레**
수 많 은 사 람 중 에 만 난 그 사 람
왔 다 가 사 라 져 간

13 2. C G C **B** F C

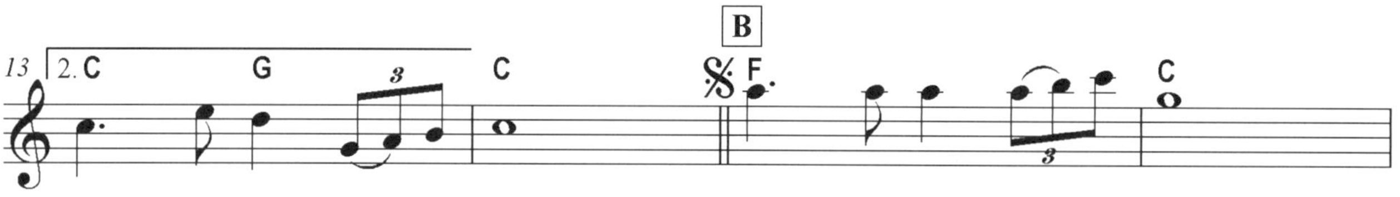

5 6 ⑤ 3 ③ ④ 5 ⑦ ⑦ ⑦ ⑦ ⑧ 9 7
④ ⑧

**도 미 레 솔 라 시 도 라 라 라 라 시 도 솔**
못 잊 을 그 - 대 여 저 하 늘 끝 - 까 지

D7 G C
9 ⑧ ⑦ ⑦ ⑧ 9 ⑨ 5 ④ 5 ⑤ 6
⑧ ⑧ ④
도 시 라 라 시 도 레 도 시 도 레 미
란 꿈 은 사 라 지 고 바 람 이 불 면
F C F C
⑥ 6 ⑤ ⑤ 6 ⑥ 6 ⑦ 7 ⑥ 7 7 ⑥ 6
6
파 미 레 레 미 파 미 라 솔 파 솔 솔 파 미
행 여 나 그 님 인 가 살 며 시 돌 아 서 면
Interlude
C G C C G C
D.S. al Coda
5 6 ⑤ 3 ③ ④ 5
④
도 미 레 솔 라 시 도
쓸 쓸 한 파 도 소 리
F G C F G C
5 6 ⑤ 3 ③ ④ 5 5 6 ⑤ 3 ③ ④ 5
④ ④
도 미 레 솔 라 시 도 도 미 레 솔 라 시 도
쓸 쓸 한 파 도 소 리 쓸 쓸 한 파 도 소 리

# 바람의 노래

김순곤 작사
김정욱 작곡

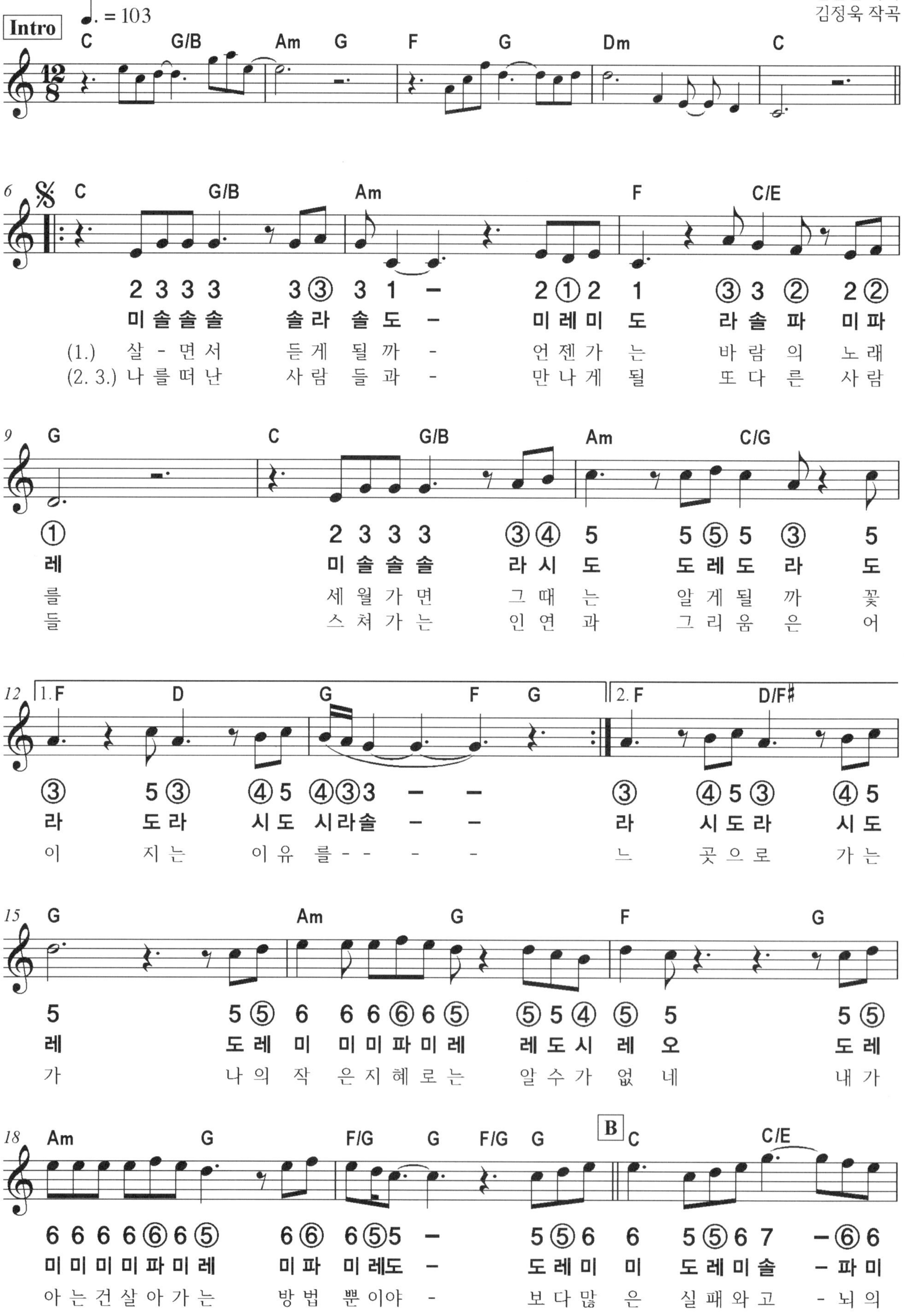

**Intro** ♩. = 103

C G/B Am G F G Dm C

6 C G/B Am F C/E

2 3 3 3 3 ③ 3 1 – 2 ① 2 1 ③ 3 ② 2 ②
미 솔 솔 솔 솔 라 솔 도 – 미 레 미 도 라 솔 파 미 파
(1.) 살 - 면 서 듣 게 될 까 - 언 젠 가 는 바 람 의 노 래
(2. 3.) 나 를 떠 난 사 람 들 과 - 만 나 게 될 또 다 른 사 람

9 G C G/B Am C/G

① 2 3 3 3 ③ ④ 5 5 ⑤ 5 ③ 5
레 미 솔 솔 솔 라 시 도 도 레 도 라 도
를 세 월 가 면 그 때 는 알 게 될 까 꽃
들 스 쳐 가 는 인 연 과 그 리 움 은 어

12 1. F D G F G 2. F D/F♯

③ 5 ③ ④ 5 ④③3 – – ③ ④ 5 ③ ④ 5
라 도 라 시 도 시라솔 – – 라 시 도 라 시 도
이 지 는 이 유 를 - - - - 느 곳 으 로 가 는

15 G Am G F G

5 5 ⑤ 6 6 6 ⑥ 6 ⑤ ⑤ 5 ④ ⑤ 5 5 ⑤
레 도 레 미 미 미 파 미 레 레 도 시 레 오 도 레
가 나 의 작 은 지 혜 로 는 알 수 가 없 네 내 가

18 Am G F/G G F/G G **B** C C/E

6 6 6 6 ⑥ 6 ⑤ 6 ⑥ 6 ⑤ 5 – 5 ⑤ 6 6 5 ⑤ 6 7 – ⑥ 6
미 미 미 미 파 미 레 미 파 미 레도 – 도 레 미 미 도 레 미 솔 – 파 미
아 는 건 살 아 가 는 방 법 뿐 이야 - 보 다 많 은 실 패 와 고 - 뇌 의

21 F F/G C C/E F G
6 65 – 5⑤6 6 5⑤6 7 –6 7 7 ⑥–⑥6⑥
레 미도 – 도 레 미 미 도 레 미 솔 – 미 솔 솔 파 – 파 미 파
시 간이 - 비 켜 갈 수 없 다 는 걸 - 우 린 깨 달 - 았 - 네
24 Am F C
6 –⑥6⑤5 5 6 –⑥6 6⑤ 5⑤ 6 6 6 6⑥6⑤5 ⑤5④
미 – 파 미 레 도 도 미 – 파 미 미 레 도 레 미 미 미 미 파 미 레 도 레 도 시
이 - 제 그 해 답 이 사 - 랑 이 라 면 나 는 이 세 상 모 든 것 들 을 사 랑 하
Interlude
27 C C G/B Am
⑤ 5 – –
레 도 – –
겠 네 - -
30 F G Dm C G
D.S. al Coda (No Rept.)
C Am G F G C
⑤ 5 – 5⑤ 6 6 6 6⑥6⑤5 ⑤5④ ⑤ 5 –
레 도 – 도 레 미 미 미 미 파 미 레 도 레 도 시 레 도 –
겠 네 - 나 는 이 세 상 모 든 것 들 을 사 랑 하 겠 네 -
36 Am G F B♭ C
6 6 6 6 ⑥ 6 ⑤ 5 5 ⑤ 5 7 6 –
미 미 미 미 파 미 레 도 도 레 도 솔 미 –
이 세 상 모 든 것 들 을 사 랑 하 겠 네 -

# 바위섬

Slow Go Go

배창희 작사 / 작곡

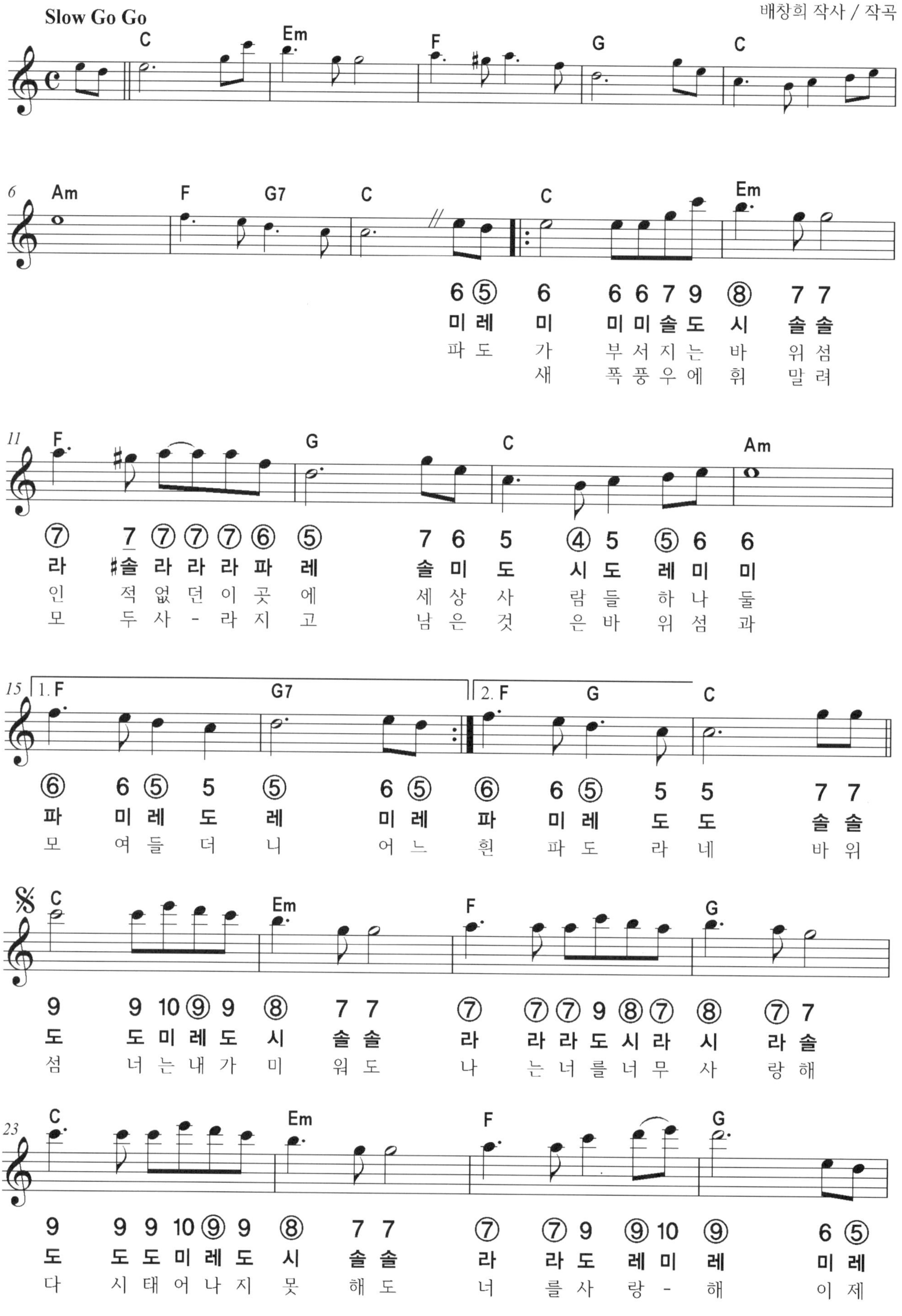

C Em F G C

6 Am F G7 C C Em

6 ⑤ 6 6 6 7 9 ⑧ 7 7
미 레 미 미 미 솔 도 시 솔 솔
파 도 가 부 서 지 는 바 위 섬
새 폭 풍 우 에 휘 말 려

11 F G C Am

⑦ 7 ⑦ ⑦ ⑦ ⑥ ⑤ 7 6 5 ④ 5 ⑤ 6 6
라 #솔 라 라 라 파 레 솔 미 도 시 도 레 미 미
인 적 없 던 이 곳 에 세 상 사 람 들 하 나 둘
모 두 사 - 라 지 고 남 은 것 은 바 위 섬 과

15 1. F G7 2. F G C

⑥ 6 ⑤ 5 ⑤ 6 ⑤ ⑥ 6 ⑤ 5 5 7 7
파 미 레 도 레 미 레 파 미 레 도 도 솔 솔
모 여 들 더 니 어 느 흰 파 도 라 네 바 위

𝄋 C Em F G

9 9 10 ⑨ 9 ⑧ 7 7 ⑦ ⑦ ⑦ 9 ⑧ ⑦ ⑧ ⑦ 7
도 도 미 레 도 시 솔 솔 라 라 라 도 시 라 시 라 솔
섬 너 는 내 가 미 워 도 나 는 너 를 너 무 사 랑 해

23 C Em F G

9 9 9 10 ⑨ 9 ⑧ 7 7 ⑦ ⑦ 9 ⑨ 10 ⑨ 6 ⑤
도 도 도 미 레 도 시 솔 솔 라 라 도 레 미 레 미 레
다 시 태 어 나 지 못 해 도 너 를 사 랑 - 해 이 제

27 C Em F G
6 6 6 7 9 ⑧ 7 7 ⑦ #7 ⑦ ⑦ ⑥ ⑤ 7 6
미 미 미 솔 도 시 솔 솔 라 솔 라 라 파 레 솔 미
는 갈 매 기 도 떠 나 고 아 무 도 없 지 만 나 는
31 C Am F G C
5 ④ 5 ⑤ 6 6 ⑥ 6 ⑤ 5 5
도 시 도 레 미 미 파 미 레 도 도
이 곳 바 위 섬 에 살 고 싶 어 라
35 C Em F G C
40 Am F G C D.S. al Coda C
7 7 5 7 6
솔 솔 도 솔 미
바 위 라 나 는
44 C Am F G C
5 ④ 5 ⑤ 6 6 ⑥ 6 ⑤ 5 5 –
도 시 도 레 미 미 파 미 레 도 도 –
이 곳 바 위 서 에 살 고 싶 어 라 -

# 바람이 불어오는 곳

김광석 작사 / 작곡

**Intro & Interlude**

♩= 106

C G/B F/A G F G C

**A**

C G/B Am C/G F G C

6 7 – 7 ⑦ 7⑥ 6 5 ③ 5 – ⑤ 5 – ⑤ 6
미 솔 – 솔 라 솔파 미 도 라 도 – 레 도 – 레 미
바 람 - 이 불 어오 는 곳 그 곳 - 으 로 - 가 네
설 레 임 과 두 려움 으 로 불 안 한 행 복 이 지 만

9 C G/B Am C/G F G C

6 7 – 7 ⑦ 7⑥ 6 5 ③ 5 – ⑤ 5 ④ 5
미 솔 – 솔 라 솔파 미 도 라 도 – 레 도 시 도
그 대 - 의 머 리결 같 은 나 무 - 아 래 - 로
우 리 가 느 끼 며바 라 볼 하 늘 과 사 람 - 들

**B**

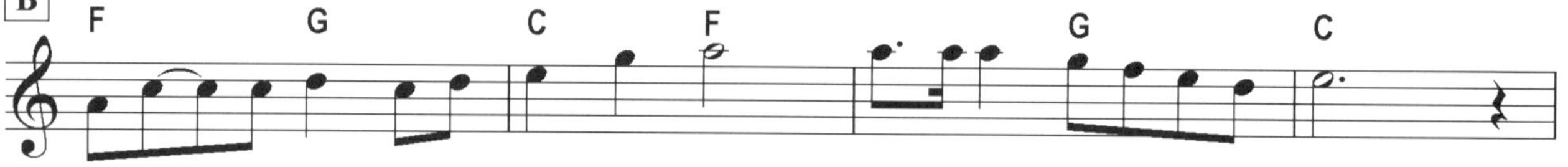

F G C F G C

③ 5 – 5 ⑤ 5 ⑤ 6 7 ⑦ ⑦ ⑦⑦ 7 ⑥ 6 5 6
라 도 – 도 레 도 레 미 솔 라 라 라라 솔 파 미 레 미
덜 컹 이 는 기 파 에 기 대 어 너 에게 편 지 를 쓴 다
힘 겨 - 운 날 들 도 있 지 만 새 로운 꿈 들 을 위 해

17 C G/B Am C/G F G C

6 7 – 7 ⑦ 7 ⑥ 6 5 ③ 5 – ⑤ 5 – ④ 5
미 솔 – 솔 라 솔 파 미 도 라 도 – 레 도 – 시 도
꿈 에 - - 보 았 - 던 길 그 길 에 서 - 있 - 네
바 람 - 이 불 어 오 는 곳 그 곳 - 으 로 - 가 네

**Ending**

F G C F G C

③ 5 – ⑤ 5 – ④ 5 ③ 5 – ⑤ 5 – ④ 5
라 도 – 레 도 – 시 도 라 도 – 레 도 – 시 도
그 길 에 서 - 있 - 네 그 길 에 서 - 있 - 네
그 곳 - 으 로 - 가 네 그 곳 - 으 로 - 가 네

# 사랑의 인사
(Salut d'Amour)

Edward Elgar

Andantino (♩ = 78)

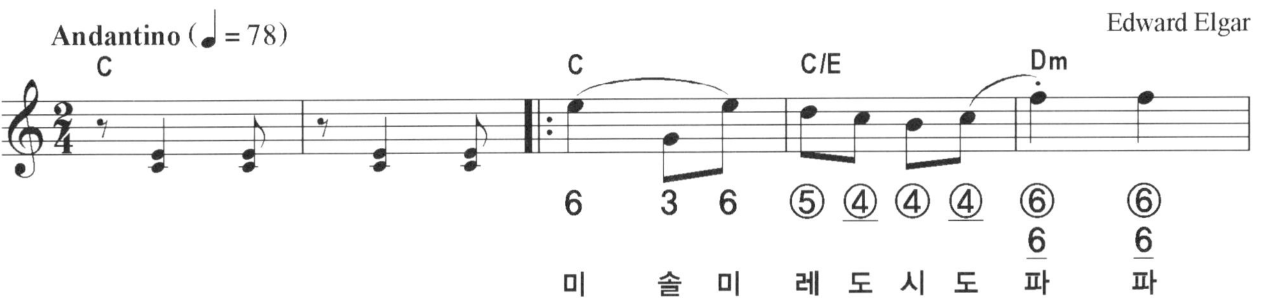

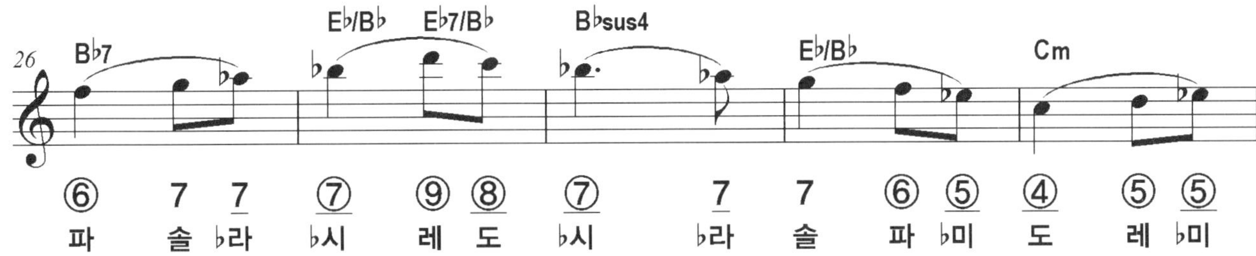

31
Dm7(♭5) G7 Cm/G A♭/G G
⑤7 6 6 ⑤ ④ ④ ⑤ ⑤ 6 7 7 ⑨ – ⑨
♭미 솔 파 미 레 시 도 레 ♭미 파 솔 ♭라 ♭미 – 레
36
C/G G7 C/G G7 Dm7 G7
⑧ 7 12 11 9 7
도 솔 도 솔 도 솔
42
Dm7 G7 C C/E Dm
⑦ – 7 6 6 3 6 5 ④ ④ ④ 6 6
라 – 솔 파 미 솔 미 레 도 시 도 파 파
47
G7 C E/B Am D7 G7
6 3 6 3 6 ⑤ ④ ④ ④ ⑤ ⑤ ⑤ ⑤
파 솔 미 ♯솔 미 레 도 시 도 레 레 레 ♯레
52
C C/E F A/E Dm Dm7(♭5)
6 3 6 ⑤ ④ ④ ④ ⑦ ⑦ ⑦ ⑧ ⑧ ⑩ ⑨ ⑧
미 솔 미 레 도 시 도 라 라 라 시 도 파 레 도
57
Dm7(♭5) G7 C/E C/E Dm7(♭5) G7
⑦ 7 ⑤ ⑦ ⑦ 7 6 ⑤ ④ 3 3 ⑥ ⑤ ④ ③ 3 ① ③
♭시 ♭라 레 라 라 솔 미 레 도 솔 ♭라 파 레 도 ♭시 ♭라 레 라

62
C/E F A/E Dm Am Am/G
③ 3 2 ① 1 3 ♯3 ③ 2 2 3 ③ ② 2 ① 1 3 ③ ④
라 솔 미 레 도 솔 ♯솔 라 미 파 솔 라 파 미 레 도 ♯솔 라 리
67
F♯°7 G/F C/E G/D D♭°7 Dm G
1 ④ ④ ③ 3 ④ ① 1 ④ 3 3 2 2 ① ③ ④
도 도 시 라 솔 시 레 도 시 솔 솔 미 미 레 라 시
72
C C/E Dm G C
1 – 2 3 3 ③ ③ ④ 5
도 – 미 솔 ♯솔 라 ♯라 시 도
77
C/E Dm G C
– 6 7 7 ⑦ ⑦ ⑧ 9 –
– 미 솔 ♯솔 라 ♯라 시 도 –
82
C
– – – – – –
– – – – – –

C Major

# 섬집 아기

한인현 작사
이흥렬 작곡

C
C /E G C F6 G7
3 5 ⑤ 6 ⑤ 5 ⑤ – 6 5 ⑤ 5 ③ 3 –
④
솔 도 레 미 레 도 레 – 미 도 레 도 라 솔 –
아 기 는 잠 을 곤 히 - 자 고 있 - 지 만 -
57
C /E G C F6 C
3 5 ⑤ 6 ⑤ 5 ⑤ – 6 5 ⑤ ③ ④ 5 –
④
솔 도 레 미 레 도 레 – 미 도 레 라 시 도 –
갈 매 기 울 음 소 리 - 맘 이 설 - 레 어 -
D
G C F C G
⑤ ⑤ ⑤ 5 ⑤ 6 5 – ⑦ ⑦ 7 6 ⑤ –
④
레 레 레 도 레 미 도 – 라 라 솔 미 레 –
다 못 찬 굴 바 구 니 - 머 리 에 이 고 -
73
C C7/E F D7/F♯ C/G G7 C C Dm D♯m
7 6 ⑤ 5 ⑤ 6 ③ – 3 5 ④ 5 ⑤ ⑤ –
④ ④ ④ ④
솔 미 레 도 레 미 라 – 솔 도 시 도 레 도 –
엄 마 는 모 랫 길 을 - 달 려 옵 - 니 다 -
Tag
C/E C7/G F/A D7/F♯ C/G G7 C
7 6 ⑤ 5 ⑤ 6 ③ – 3 5 ⑤ 5 ⑤ ⑤ –
④ ④ ④ ④
솔 미 레 도 레 미 라 – 솔 도 레 도 레 도 –
엄 마 는 모 랫 길 을 - 달 려 옵 - 니 다 -
89
C/G G7 C
3 5 ④ 5 ⑤ ⑤ –
④ ④ ④
솔 도 시 도 레 도 –
달 려 옵 - 니 다 -

F Major

# 섬집 아기

한인현 작사
이흥렬 작곡

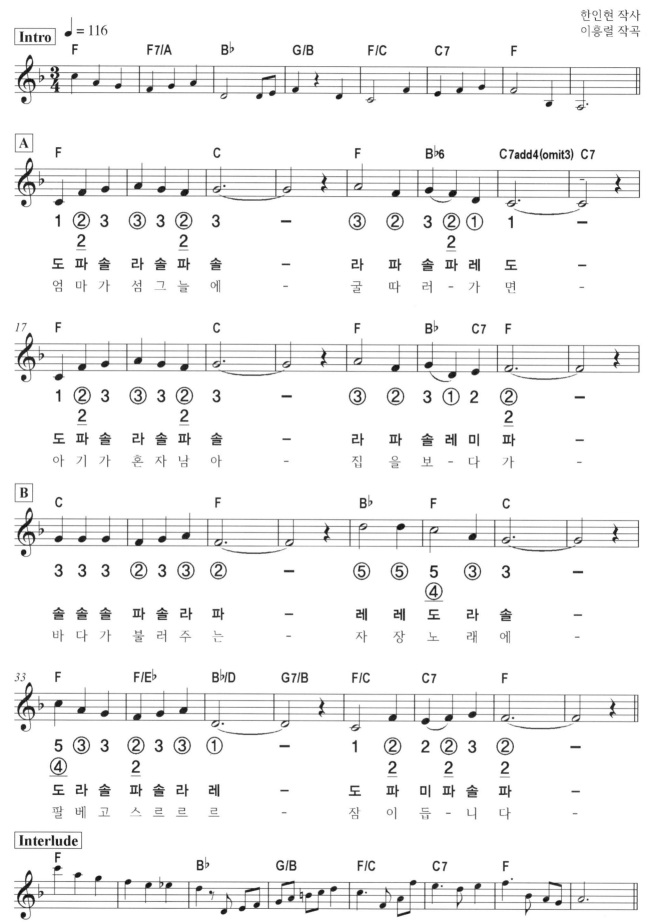

**Intro** ♩= 116

F F7/A B♭ G/B F/C C7 F

**A**

F C F B♭6 C7add4(omit3) C7

1 ② 3 ③ 3 ② 3 – ③ ② 3 ② ① 1 –
2 2 2

도 파 솔 라 솔 파 솔 – 라 파 솔 파 레 도 –
엄 마 가 섬 그 늘 에 - 굴 따 러 - 가 면 -

17 F C F B♭ C7 F

1 ② 3 ③ 3 ② 3 – ③ ② 3 ① 2 ② –
2 2 2

도 파 솔 라 솔 파 솔 – 라 파 솔 레 미 파 –
아 기 가 혼 자 남 아 - 집 을 보 - 다 가 -

**B**

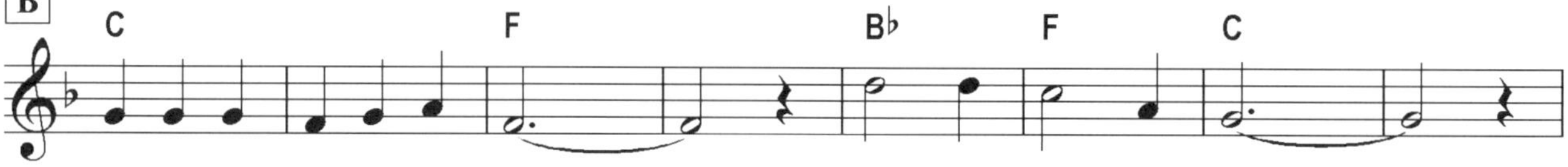

C F B♭ F C

3 3 3 ② 3 ③ ② – ⑤ ⑤ 5 ③ 3 –
④

솔 솔 솔 파 솔 라 파 – 레 레 도 라 솔 –
바 다 가 불 러 주 는 - 자 장 노 래 에 -

33 F F/E♭ B♭/D G7/B F/C C7 F

5 ③ 3 ② 3 ③ ① – 1 ② 2 ② 3 ② –
④ 2 2 2 2

도 라 솔 파 솔 라 레 – 도 파 미 파 솔 파 –
팔 베 고 스 르 르 르 - 잠 이 듭 - 니 다 -

**Interlude**

F B♭ G/B F/C C7 F

C
F F/A C F B♭6 C7
5 ⑥ 7 ⑦ 7 ⑥ 7 – ⑦ ⑥ 7 ⑥ ⑤ 5 –
6 6 6 ④
도 파 솔 라 솔 파 솔 – 라 파 솔 파 레 도 –
아 기 는 잠 을 곤 히 - 자 고 있 - 지 만 -
57
F F/A C F B♭6 F
5 ⑥ 7 ⑦ 7 ⑥ 7 – ⑦ ⑥ 7 ⑤ 6 ⑥ –
④ 6 6 6
도 파 솔 라 솔 파 솔 – 라 파 솔 레 미 파 –
갈 매 기 울 음 소 리 - 맘 이 설 - 레 어 -
D
C F B♭ F C
7 7 7 ⑥ 7 ⑦ ⑥ – ⑨ ⑨ 9 ⑦ 7 –
6 ⑧
솔 솔 솔 파 솔 라 파 – 레 레 도 라 솔 –
다 못 찬 굴 바 구 니 - 머 리 에 이 고 -
73
F F7/A B♭ G7/B F/C C7 F Gm G♯m
9 ⑦ 7 ⑥ 7 ⑦ ⑤ – 5 ⑥ 6 ⑥ 7 ⑥ –
⑧ 6 ④ 6 6
도 라 솔 파 솔 라 레 – 도 파 미 파 솔 파 –
엄 마 는 모 랫 길 을 - 달 려 옵 - 니 다 -
Tag
F/A F7/C B♭/D G7/B F/C C7 F
9 ⑦ 7 ⑥ 7 ⑦ ⑤ – 5 ⑥ 7 ⑥ 7 ⑥ –
도 라 솔 파 솔 라 레 – 도 파 솔 파 솔 파 –
엄 마 는 모 랫 길 을 - 달 려 옵 - 니 다 -
89
F/C C7 F
5 ⑥ 6 ⑥7 ⑥ –
④ 6 6
도 파 솔 파솔 파 –
달 려 옵 -니 다 -

G Major

# 섬집 아기

한인현 작사
이흥렬 작곡

Interlude

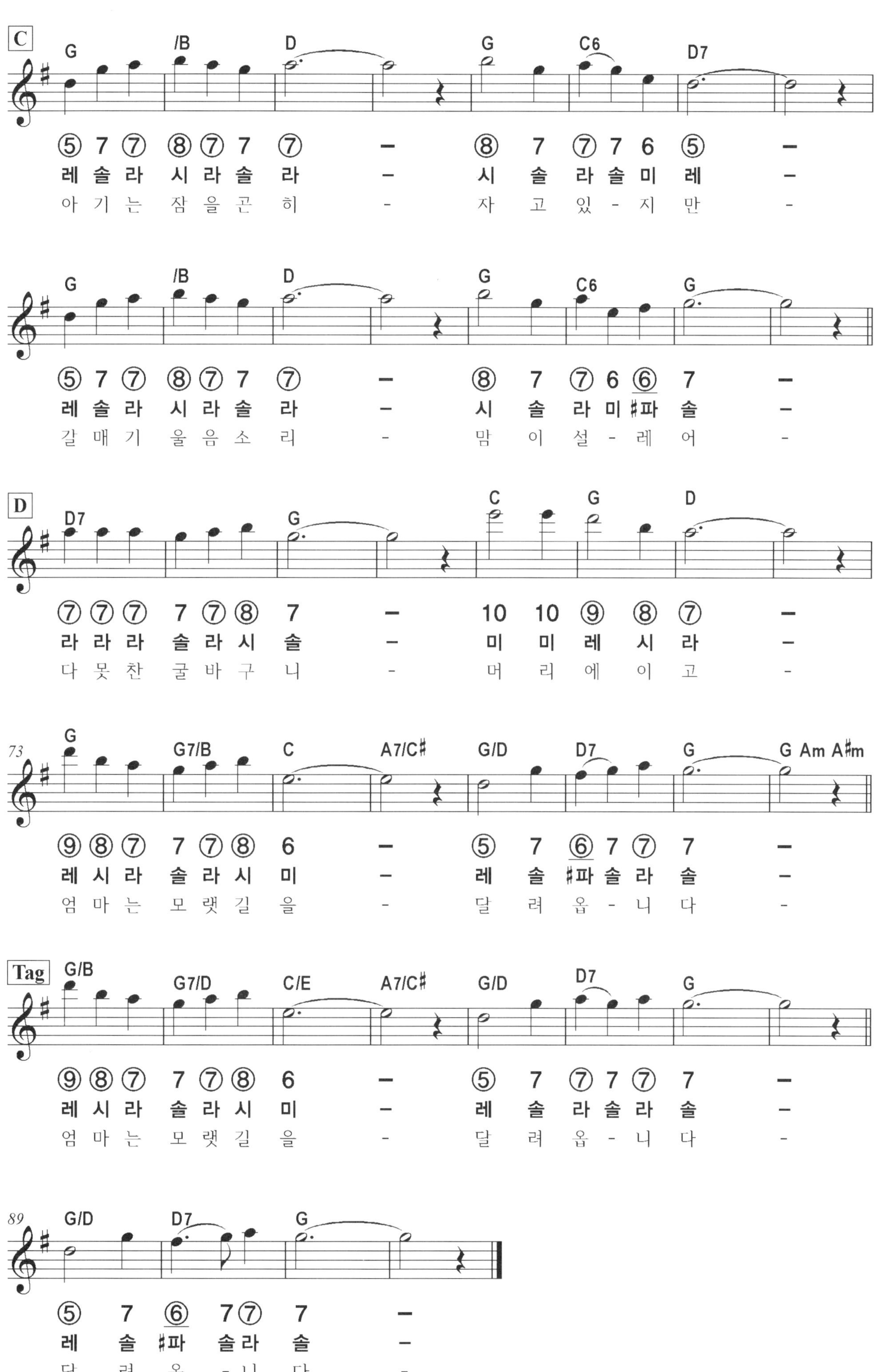
C
G /B D G C6 D7
⑤ 7 ⑦ ⑧ ⑦ 7 ⑦ – ⑧ 7 ⑦ 7 6 ⑤ –
레 솔 라 시 라 솔 라 – 시 솔 라 솔 미 레 –
아 기 는 잠 을 곤 히 - 자 고 있 - 지 만 -
G /B D G C6 G
⑤ 7 ⑦ ⑧ ⑦ 7 ⑦ – ⑧ 7 ⑦ 6 ⑥ 7 –
레 솔 라 시 라 솔 라 – 시 솔 라 미 ♯파 솔 –
갈 매 기 울 음 소 리 - 맘 이 설 - 레 어 -
D
D7 G C G D
⑦ ⑦ ⑦ 7 ⑦ ⑧ 7 – 10 10 ⑨ ⑧ ⑦ –
라 라 라 솔 라 시 솔 – 미 미 레 시 라 –
다 못 찬 굴 바 구 니 - 머 리 에 이 고 -
73
G G7/B C A7/C♯ G/D D7 G G Am A♯m
⑨ ⑧ ⑦ 7 ⑦ ⑧ 6 – ⑤ 7 ⑥ 7 ⑦ 7 –
레 시 라 솔 라 시 미 – 레 솔 ♯파 솔 라 솔 –
엄 마 는 모 랫 길 을 - 달 려 옵 - 니 다 -
Tag
G/B G7/D C/E A7/C♯ G/D D7 G
⑨ ⑧ ⑦ 7 ⑦ ⑧ 6 – ⑤ 7 ⑦ 7 ⑦ 7 –
레 시 라 솔 라 시 미 – 레 솔 라 솔 라 솔 –
엄 마 는 모 랫 길 을 - 달 려 옵 - 니 다 -
89
G/D D7 G
⑤ 7 ⑥ 7 ⑦ 7 –
레 솔 ♯파 솔 라 솔 –
달 려 옵 - 니 다 -

# 슈베르트의 세레나데

(Serenade)

♩ = 80

F. Schubert

Dm | B♭ | Gm6 | A

5 Dm | B♭ | A7 | Dm

9 A | Dm | | B♭6

13 C7 | F | C | F

17 A+7 | Dm | B♭ | F

21 C7 | D | A+7 | D

25 G | D | A7 | D

29 Gm/D D A7 pp D
33 G/D D A7 D
D.S. al Coda
A7 A♯°7 A7 A A♯°7 A
41 F♯/B♭ Bm Em/B Bm
45 G D A7 D
49 Dm p Gm A7 pp D Gm/D
54 D A D
dim.
pp

# 슈베르트의 아베마리아

(Ave Maria)

Molto Lento (♩ = 45)

F. Schubert

# 서른 즈음에

강승원 작사 / 작곡

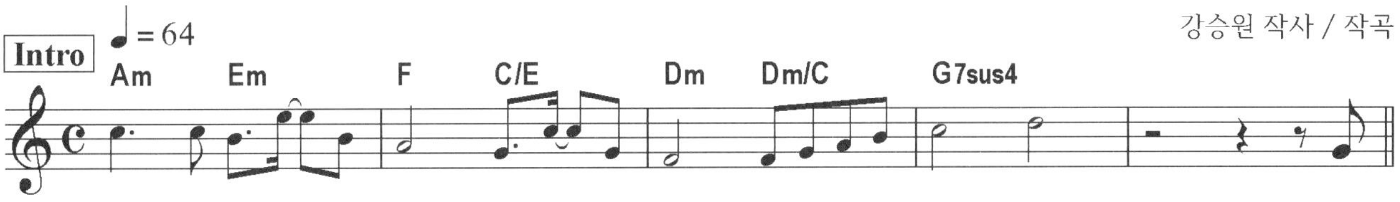

**Intro** ♩= 64

Am Em F C/E Dm Dm/C G7sus4

3
솔
또

**A**

C Am Dm Dm/C G7add4(omit3) G7

6 6 6 ⑤ 5 3 ③ ③ ⑥ ⑥ ⑥ 6 ⑤ ③ 5 ⑤
미 미 미 레 도 솔 라 라 파 파 파 미 레 라 도 레
하 루 멀 어 져 간 다 내 뿜 은 담 배 연 기 처 럼

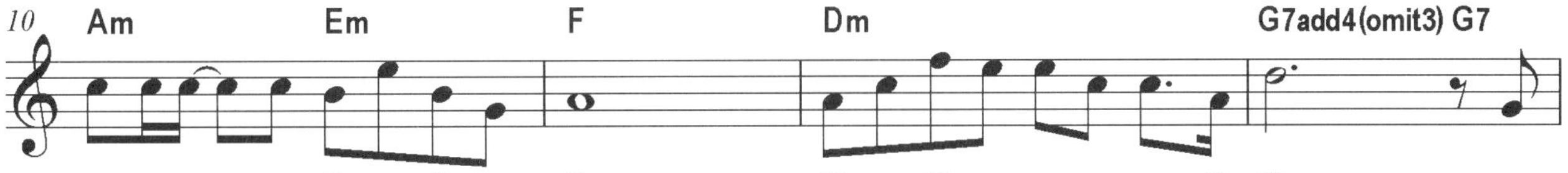

10 Am Em F Dm G7add4(omit3) G7

5 5 5 – 5 ④ 6 ④ 3 ③ ③ 5 ⑥ 6 6 5 5 ③ ⑤ 3
도 도 도 – 도 시 미 시 솔 라 라 도 파 미 미 도 도 라 레 솔
작 기 만 - 한 내 기 억 속 에 무 얼 채 워 살 고 있 는 지 점

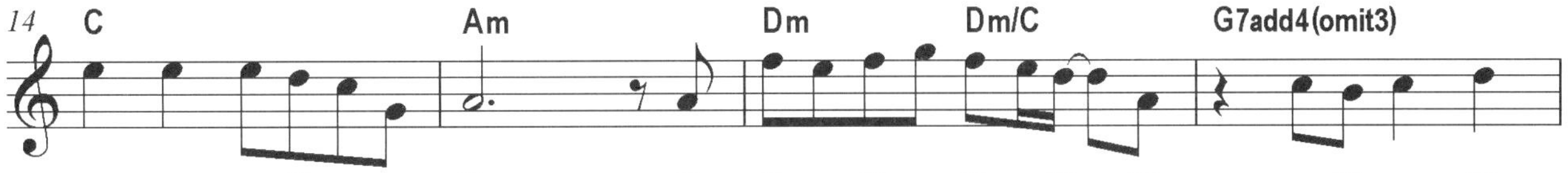

14 C Am Dm Dm/C G7add4(omit3)

6 6 6 ⑤ 5 3 ③ ③ ⑥ 6 ⑥ 7 ⑥ 6 ⑤ – ③ 5 ④ 5 ⑤
미 미 미 레 도 솔 라 라 파 미 파 솔 파 미 레 – 라 도 시 도 레
점 더 멀 어 져 간 다 머 물 러 있 는 청 춘 인 - 줄 알 았 는 데

18 Am Em F C/E Dm C

5 5 5 – 5 ④ 6 ④ 3 ③ 3 ③ 5 ⑥ 6 ⑤ ⑤ 5 ④ 5 5
도 도 도 – 도 시 미 시 솔 라 솔 라 도 파 미 레 레 도 시 도 소
비 어 가 - 는 내 가 슴 속 엔 더 아 무 것 도 찾 을 수 없 네 계

**B**

F G/F Em7 Am Dm7 G7 C C/E

5 5 ⑤ ⑤ 6 ⑥ 7 6 5 6 ⑥ 6 ⑥ 6 ⑤ ⑤ ⑦ 7 5
도 도 레 레 미 파 솔 미 도 미 파 미 파 미 레 레 라 솔 도
절 은 다 시 돌 아 오 지 만 떠 나 간 내 사 랑 은 어 디에 내

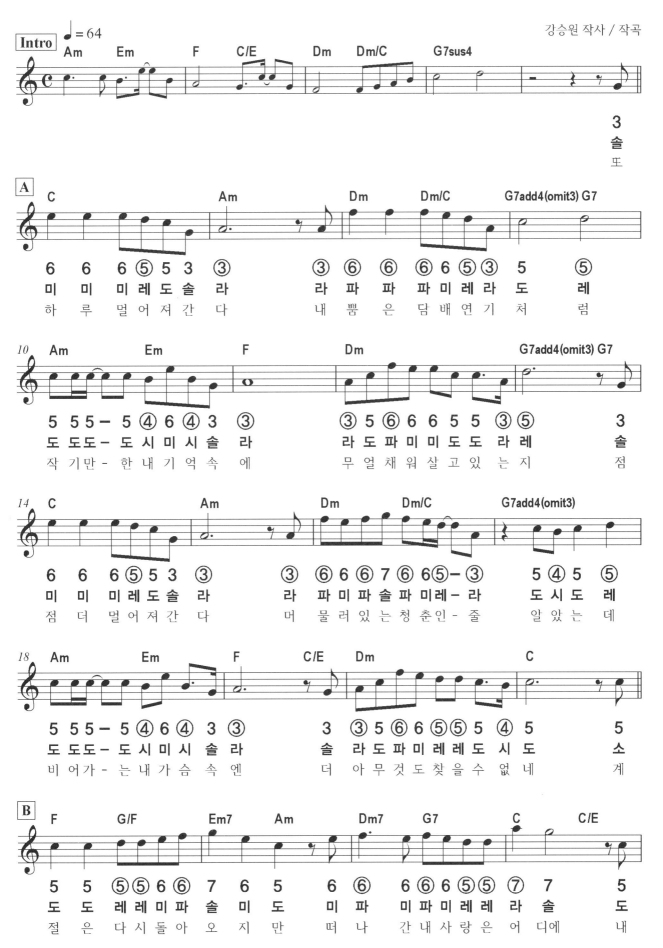

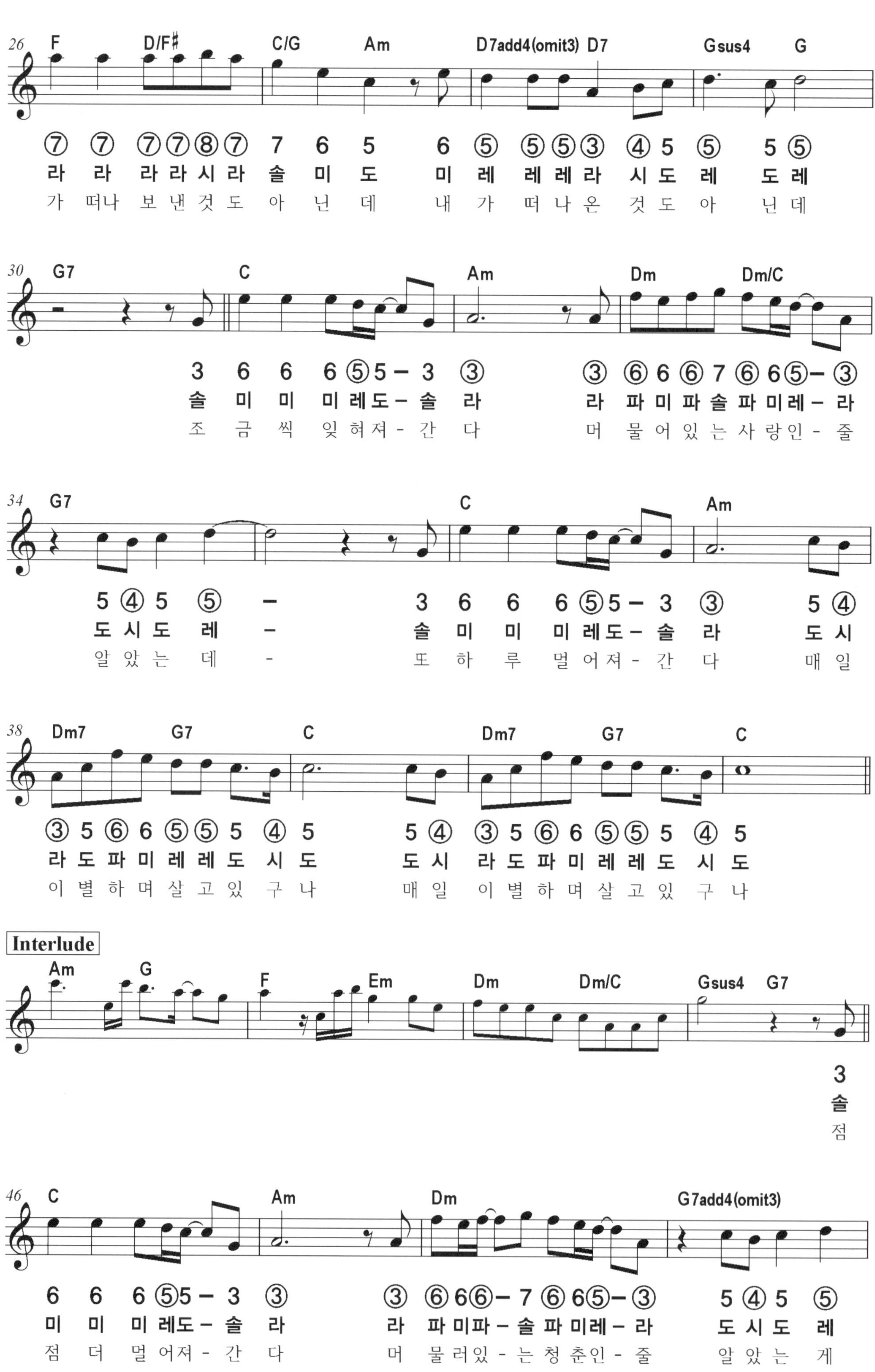
F D/F# C/G Am D7add4(omit3) D7 Gsus4 G
⑦ ⑦ ⑦⑦⑧⑦ 7 6 5 6 ⑤ ⑤⑤③ ④ 5 ⑤ 5 ⑤
라 라 라 라 시 라 솔 미 도 미 레 레 레 라 시 도 레 도 레
가 떠나 보 낸 것 도 아 닌 데 내 가 떠 나 온 것 도 아 닌 데
G7 C Am Dm Dm/C
3 6 6 6 ⑤5 – 3 ③ ③ ⑥ 6 ⑥ 7 ⑥ 6⑤– ③
솔 미 미 미 레 도 – 솔 라 라 파 미 파 솔 파 미 레 – 라
조 금 씩 잊 혀 져 - 간 다 머 물 어 있 는 사 랑 인 - 줄
G7 C Am
5 ④ 5 ⑤ – 3 6 6 6 ⑤5 – 3 ③ 5 ④
도 시 도 레 – 솔 미 미 미 레 도 – 솔 라 도 시
알 았 는 데 - 또 하 루 멀 어 져 - 간 다 매 일
Dm7 G7 C Dm7 G7 C
③ 5 ⑥ 6 ⑤⑤ 5 ④ 5 5 ④ ③ 5 ⑥ 6 ⑤⑤ 5 ④ 5
라 도 파 미 레 레 도 시 도 도 시 라 도 파 미 레 레 도 시 도
이 별 하 며 살 고 있 구 나 매 일 이 별 하 며 살 고 있 구 나
Interlude
Am G F Em Dm Dm/C Gsus4 G7
3
솔
점
C Am Dm G7add4(omit3)
6 6 6 ⑤5 – 3 ③ ③ ⑥ 6⑥– 7 ⑥ 6⑤– ③ 5 ④ 5 ⑤
미 미 미 레 도 – 솔 라 라 파 미 파 – 솔 파 미 레 – 라 도 시 도 레
점 더 멀 어 져 - 간 다 머 물 러 있 - 는 청 춘 인 - 줄 알 았 는 게

50
Am Em F C/E Dm G7 C
5 5 5 – 5 ④ 6 ④ 3 ③ 3 ③ 5 ⑥ 6 ⑤ ⑤ 5 ④ 5 5
도 도 도 – 도 시 미 시 솔 라 솔 라 도 파 미 레 레 도 시 도 도
비 어 가 - 는 내 가 슴 속 엔 더 아 무 것 도 찾 을 수 없 네 계
D
F G/F Em7 Am Dm7 G7 C C/E
5 5 ⑤ ⑤ 6 ⑥ 7 6 5 6 ⑥ 6 ⑥ 6 ⑤ ⑤ ⑦ 7 5
도 도 레 레 미 파 솔 미 도 미 파 미 파 미 레 레 라 솔 도
절 은 다 시 돌 아 오 지 만 떠 나 간 내 사랑 은 어 디에 내
58
F D/F# C/G Am D7 Gsus4 G G7
⑦ ⑦ ⑦ ⑦ ⑧ ⑦ 7 6 5 6 ⑤ ⑤ ③ ④ – 5 ⑤ 5 ⑤ 3
라 라 라 라 시 라 솔 미 도 미 레 레 라 시 – 도 레 도 레 솔
가 떠나보 낸 것 도 아 닌 데 내 가 떠나온 것 - 도 아 닌 데 조
63
C Am Dm Dm/C G7
6 6 6 ⑤ 5 – 3 ③ ③ ⑥ 6 ⑥ – 7 ⑥ 6 ⑤ – ③ 5 ④ 5 ⑤ 3
미 미 미 레 도 – 솔 라 라 파 미 파 – 솔 파 미 레 – 라 도 시 도 레 솔
금 씩 잊 혀 져 - 간 다 머 물 러 있 - 는 사 랑 인 - 줄 알 았 는 데 또
67
C Am Dm7 G7 C
6 6 6 ⑤ 5 – 3 ③ 5 ④ ③ 5 ⑥ 6 ⑤ ⑤ 5 ④ 5 5 ④
미 미 미 레 도 – 솔 라 도 시 라 도 파 미 레 레 도 시 도 도 시
하 루 멀 어 져 - 간 다 매 일 이 별 하 며 살 고 있 구 나 매 일
71
Dm7 G7 C Dm7 G7 C
③ 5 ⑥ 6 ⑤ ⑤ 5 ④ 5 5 ④ ③ 5 ⑥ 6 ⑤ ⑤ 5 ④ 5 –
라 도 파 미 레 레 도 시 도 도 시 라 도 파 미 레 레 도 시 도 –
이 별 하 며 살 고 있 구 나 매 일 이 별 하 며 살 고 있 구 나 -

# 스와니강

**Intro** ♩ = 100

Stephen C. Foster

C F C G C

**A**

C F C G7

6 ⑤ 5 6 ⑤ 5 9 ⑦ 9 7 6 5 ⑤
⑧ ⑧

미 레 도 미 레 도 도 라 도 솔 미 도 레
머 나 먼 저 곳 스와 니 강 물 그 리 워 라
정 처 도 없 이 헤 매 이 는 이 내 신 세

9 C F C G7 C

7 ⑤ 5 6 ⑤ 5 9 ⑦ 9 7 6 5 ⑤ ⑤ 5
⑧ ⑧

미 레 도 미 레 도 도 라 도 솔 미 도 레 레 도
날 사 랑 하 는 부 모 형 제 이 몸 을 기 다 려
언 제 나 나 의 옛 고 향 을 찾 아 가 볼 까 나

**B**

G C F G7 C

⑧ 9 ⑨ 7 7 ⑦ 7 9 ⑨ ⑦ ⑥ ⑦ 7 6 ⑤ 5 6 ⑤
⑧ ⑧ ⑧

시 도 레 솔 솔 라 솔 도 도 라 파 라 솔 미 레 도 미 레
이 세 상 에 정 처 없 는 나 그 네 의 길 아 그 리 워 라

18 1. F C G C | 2. F

5 9 ⑦ 9 7 6 5 ⑤ ⑤ 5 | 5 9 ⑦ 9 –
⑧ ⑧ | ⑧ ⑧

도 도 라 도 솔 미 도 레 레 도 | 도 도 라 도 –
나 살 던 곳 멀 고 먼 옛 고 향 | 나 살 던 곳 -

23 C G7 C G7 C

7 6 5 ⑤ ⑤ 5 7 6 5 ⑤ ⑤ 5

솔 미 도 레 레 도 솔 미 도 레 레 도
멀 고 먼 옛 고 향 멀 고 먼 옛 고 향

# 신아리랑

양명문 작사
김동진 작곡

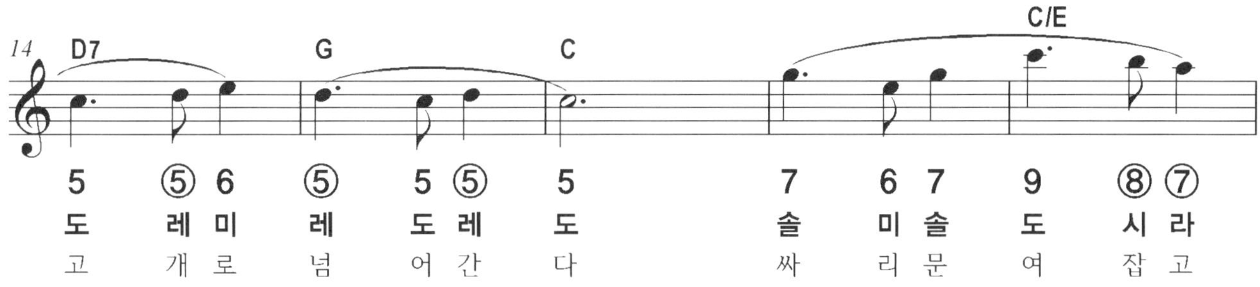

33
C/G
7 6 7 8 ⑧ ⑦ 7 ⑦ 7 6 ⑦ 7 7 ⑦ ⑧ ⑧ ⑨ ⑧ 7
솔 미 솔 도 시 라 솔 라 솔 미 라 솔 솔 라 시 도 레 도 솔
서 - 산 - 엔 - 달 - 도 - 지 고 홀 로 안 타 까 운 데

37
F/C
C
Am
C
⑦ ⑧ ⑧ ⑦ ⑧ ⑦ 7 6 6 ⑤ ④ ③ 3 5 6 7 6 6 ⑤ 5
라 도 시 라 시 라 솔 파 미 레 도 라 솔 도 미 솔 파 미 레 도
가 - 슴 - 에 - 얽 - 힌 - 정 - 풀 어 볼 길 없 어 라

41
C
C/E
p G
C
7 ⑦ 7 9 ⑦ 7 6 ⑤ ④ ③ 3
솔 라 솔 도 라 솔 미 레 도 라 솔
아 리 랑 아 리 랑 아 라 - 리 요

Moderato (♩= 84)
45
Am
D
p G
C
8
④ ⑤ 6 ⑦ ⑤ ⑤ ⑤ 6 ⑤ 5
도 레 미 라 레 레 레 미 레 도
아 리 랑 고 개 로 넘 어 간 다

57
C
G
C
Am
3 ③ 3 ③ ④ ⑤ ④ ⑤ 6 ⑤ 6 ④ ③ 3 ④ ⑤ ④ ⑤
솔 라 솔 라 도 레 도 레 미 레 미 도 라 솔 도 레 도 레
아 리 랑 - 아 리 랑 - 아 라 - 리 - 요 아 리 랑 -

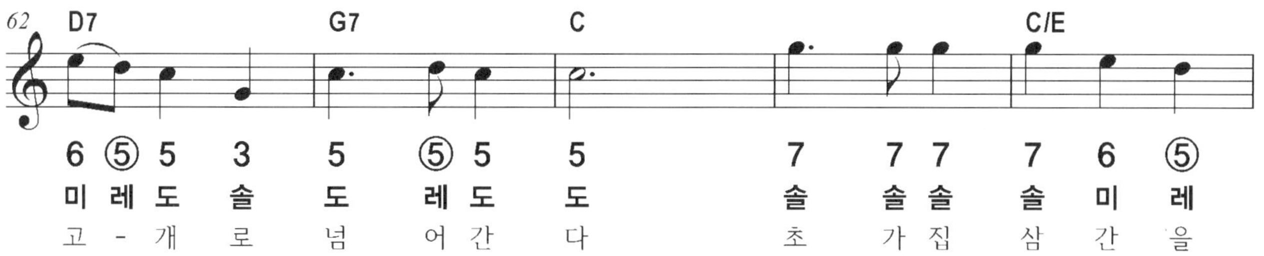
62
D7 G7 C C/E
6 ⑤ 5 3 5 ⑤ 5 5 7 7 7 7 6 ⑤
미 레 도 솔 도 레 도 도 솔 솔 솔 솔 미 레
고 - 개 로 넘 어 간 다 초 가 집 삼 간 을

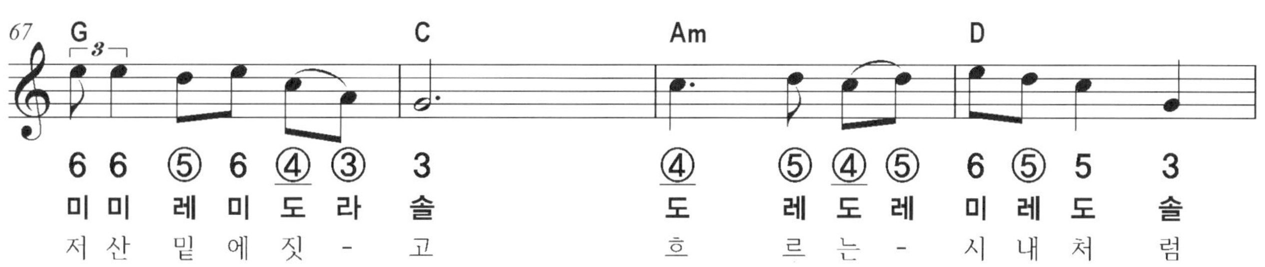
67
G 3 C Am D
6 6 ⑤ 6 ④ ③ 3 ④ ⑤ ④ ⑤ 6 ⑤ 5 3
미 미 레 미 도 라 솔 도 레 도 레 미 레 도 솔
저 산 밑 에 짓 - 고 흐 르 는 - 시 내 처 럼

71
C/E F/G G C/E G
5 ⑤ 5 5 5 7 ⑦ 7 9 ⑦ 7 6 ⑤ ④ ③
도 레 도 도 도 솔 라 솔 도 라 솔 미 레 도 라
살 아 볼 까 나 아 리 랑 아 리 랑 아 라 - 리

76
C Am D p G C
3 5 ⑤ 6 ⑦ ⑤ ⑤ ⑤ 6 ⑤ 5
솔 도 레 미 라 레 레 레 미 레 도
요 아 리 랑 고 개 로 넘 어 간 다

# 아! 목동아

아일랜드 민요

**Intro** ♩ = 114

C　Gm　C　F　Dm　C/E　F　G　C　G

**A**

G　C　F

④　5　⑤　6　⑤　6　⑦　7　6　⑤　5　③
　④　　　　　　　　　　　④

시　도　레　미　레　미　라　솔　미　레　도　라
아　목　동　들　의　피　리　소　리　들　-　은

13 F　Em　Am　Dm

5　6　⑥　7　⑦　7　6　5　6　⑤
　　6

도　미　파　솔　라　솔　미　도　미　레
산　골　짝　마　다　울　려　나　오　고

17 G7　Am　Gm7　C7　F

④　5　⑤　6　⑤　6　⑦　7　6　⑤　5　③
　④　　　　　　　　　　　④

시　도　레　미　레　미　라　솔　미　레　도　라
여　름　은　가　고　꽃　은　떨　어　지　-　니

21 Dm　C/E　F　G　C

④　5　⑤　6　⑥　6　⑤　5　⑤　5
　④　　　6　　　④

시　도　레　미　파　미　레　도　레　도
너　도　가　고　또　나　도　가　야　지

**B**

C　C/E　F　C/E

7　⑦　⑧　9　⑧　⑧　⑦　7　⑦　7　6　5
　　　⑧

솔　라　시　도　시　시　라　솔　라　솔　미　도
저　목　장　에　는　여　름　철　이　오　-　고

29
C Am Dm G
7 ⑦ ⑧ 9 ⑧ ⑧ ⑦ 7 6 ⑤
⑧
솔 라 시 도 시 시 라 솔 미 레
산 골 짝 마 다 눈 이 덮 여 도
33
G7 C/E F C/G
7 7 7 10 ⑨ ⑨ 9 ⑦ 9 7 6 5
⑧ ⑧
솔 솔 솔 미 레 레 도 라 도 솔 미 도
나 항 상 오 래 여 기 살 - 리 - 라
37
Am C/G Am F G C
④ 5 ⑤ 6 ⑦ 7 6 ⑤ 5 ③ ④ 5
④ ④ ④
시 도 레 미 라 솔 미 레 도 라 시 도
아 목 동 아 아 목 동 아 내 사 랑 아
41
1.C Am F G C 2. Am
④ 5 ⑤
④
시 도 레
아 목 동
46
C/G F G C
6 ⑦ 7 6 ⑤ 5 ③ ④ 5
④ ④
미 라 솔 미 레 도 라 시 도
아 아 목 동 아 내 사 랑 아

# 아침 이슬

**Intro / Interlude**

김민기 작사 / 작곡

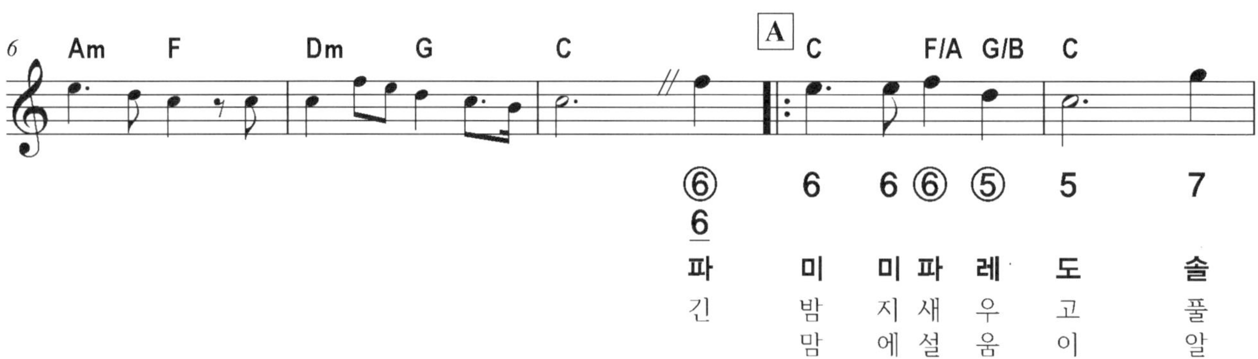

23
E7 Am D7 G
6 6 6 9 ⑧ ⑦ ⑦ ⑦ 9 ⑦ 9 ⑨ ⑨ 7
⑧ ⑧ ⑧
미 미 미 도 시 라 라 라 도 라 도 레 레 솔
에 찌 는 더 위 는 나 의 시 련 일 지 라 나
27
C F C D7 G7
9 9 9 9 9 9 ⑨ ⑨ ⑨ 10 ⑨ ⑨
도 도 도 도 도 도 레 레 레 미 레 레
이 제 가 노 라 저 거 친 광 야 에 서
31
E7 Am G7 C
10 10 10 ⑨ 9 ⑧ ⑦ ⑦ 7 7 ⑦ 9 9
⑧ ⑧ ⑧
미 미 미 레 도 시 라 라 솔 솔 라 도 도
러 움 모 두 버 리 고 나 이 제 가 노 라
D.S. al Coda
C E7 Am F G7 C
9 ⑨ 10 10 10 ⑨ 9 ⑧⑦ ⑦ 7 7 ⑦ 9 9
⑧ ⑧ ⑧
도 레 미 미 미 레 모 시 라 라 솔 솔 라 도 도
라 서 러 움 모 두 버 리 고 나 이 제 가 노 라

# 애니 로리

(Annie Laurie)

**Intro**

스코틀랜드 민요

♩= 96

C F C G C

6 ⑤
미 레
저 -
샛 별

**A**

C F C G

5 5 9 ⑧ ⑧ ⑦ ⑦ 7 6 6 ⑤ 5 ⑤ 6 ⑤
⑧ ④
도 도 도 시 시 라 라 솔 미 미 레 도 레 미 레
새 벽 이 슬 내 려 빛 나 는 언 덕 - 은 그 대
같 은 그 눈 동 자 아 름 다 운 얼 - 굴 이 세

9 C F C G C

5 5 9 ⑧ ⑧ ⑦ ⑦ 7 6 ⑤ 5 5 7
⑧ ④ ④
도 도 도 시 시 라 라 솔 미 레 도 도 솔
함 께 언 약 맺 은 내 사 랑 의 고 향 참
상 의 아 무 것 도 비 할 수 없 도 다 어

13 C G C G C

9 9 ⑨ ⑨ 10 7 9 9 ⑨ ⑨ 10 10 ⑨
도 도 레 레 미 솔 도 도 레 레 미 미 레
사 랑 의 언 약 나 잊 지 못 하 리 사 랑
여 쁜 네 모 양 나 잊 지 못 하 리 사 랑

17 C F C G 1.C

9 ⑧ ⑦ 9 ⑦ 7 6 6 ⑤ 5 9 6 ⑤ 5 5 7 6
⑧ ⑧
도 시 라 도 라 솔 미 미 레 도 도 미 레 도 도 솔 미
하 는 애 니 - 로 리 내 - 맘 속 에 살 겠 네
하 는 애 니 - 로 리 길 - 이 길 이 살 겠

B
C F G
5④5④5 6 7 6 ⑥6⑥6⑥ ⑦ 9 ⑦ 7 ⑦ ⑧ 9 ⑨ 10 ⑩ ⑧
④ ④ 6 6 6
도시도시도 미 솔 미 파미파미파 라 도 라 솔 라 시 도 레 미 파 시
24
C F C G C
2.
C
C G C
9 9 9 6 ⑤ 5 7 9 9 ⑨ ⑨ 10 7
도 도 도 미 레 도 솔 도 도 레 레 미 솔
네 참 사 랑 의 언 약 나
28
C G C F C
9 9 ⑨ ⑨ 10 10 ⑨ 9 ⑧ ⑦ 9 ⑦ 7 6 6 ⑤
도 도 레 레 미 미 레 도 시 라 도 라 솔 미 미 레
잊 지 못 하 리 사 랑 하 는 애 니 - 로 리 내 -
32
C G C G C
5 9 6 ⑤ 5 5 6 ⑤ 5 9 6 ⑤ 5 5 6 ⑤
도 도 미 레 도 도 미 레 도 도 미 레 도 도 미 레
맘 속 에 살 겠 네 내 - 맘 속 에 살 겠 네 내 -
36
C G C F rit. C
5 9 6 ⑤ 5 5 7 6 5 6 7 6 ⑥ ⑦ 9 ⑨ 10
도 도 미 레 도 도 솔 미 도 미 솔 미 파 라 도 레 미
맘 속 에 살 겠 네

# 어느 60대 노부부 이야기

김목경 작사 / 작곡

**Intro** ♩= 67

C G/B Am F C/E

5 Dm G C G

**A**

C G C F

3 3 3 – 3 ② 2 ① 1 – 5 ③ – ③④5 5 – ④③
④ ④ ④

솔 솔 솔 – 파 미 미 레 도 – 도 라 라 라 시 도 도 도 시 라

곱 고 희 – 던 두 손 으 로 – 넥 타 – 이 를 매 어 – 주 던

막 내 아 – 들 대 학 시 험 – 뜬 눈 – 으 로 지 새 – 던 밤

12 C Em Dm

3 3 3 3 3 3 ② 2 ①
2

솔 솔 솔 솔 솔 솔 파 미 레

때 어 렴 풋 이 생 각 나 오

들 어 렴 풋 이 생 각 나 오

15 G 1. C 2. C

*D.S. to No Rept.*

①① – ①①2 – ②2 – ① 1 1 ③④
2

레 레 – 레 레 미 – 파 미 – 레 도 도 라 시

여 보 – 그 때 를 – 기 억 – 하 오 오 세 월

**B**

F C/E

5 – 5⑤ 5 – ③ 3 3 3 3 3 ② 2 ①
④ ④ ④ 2

도 – 도 레 도 – 라 솔 솔 솔 솔 솔 파 미 레

은 – 그 렇 게 – 흘 러 여 기 까 지 왔 – 는

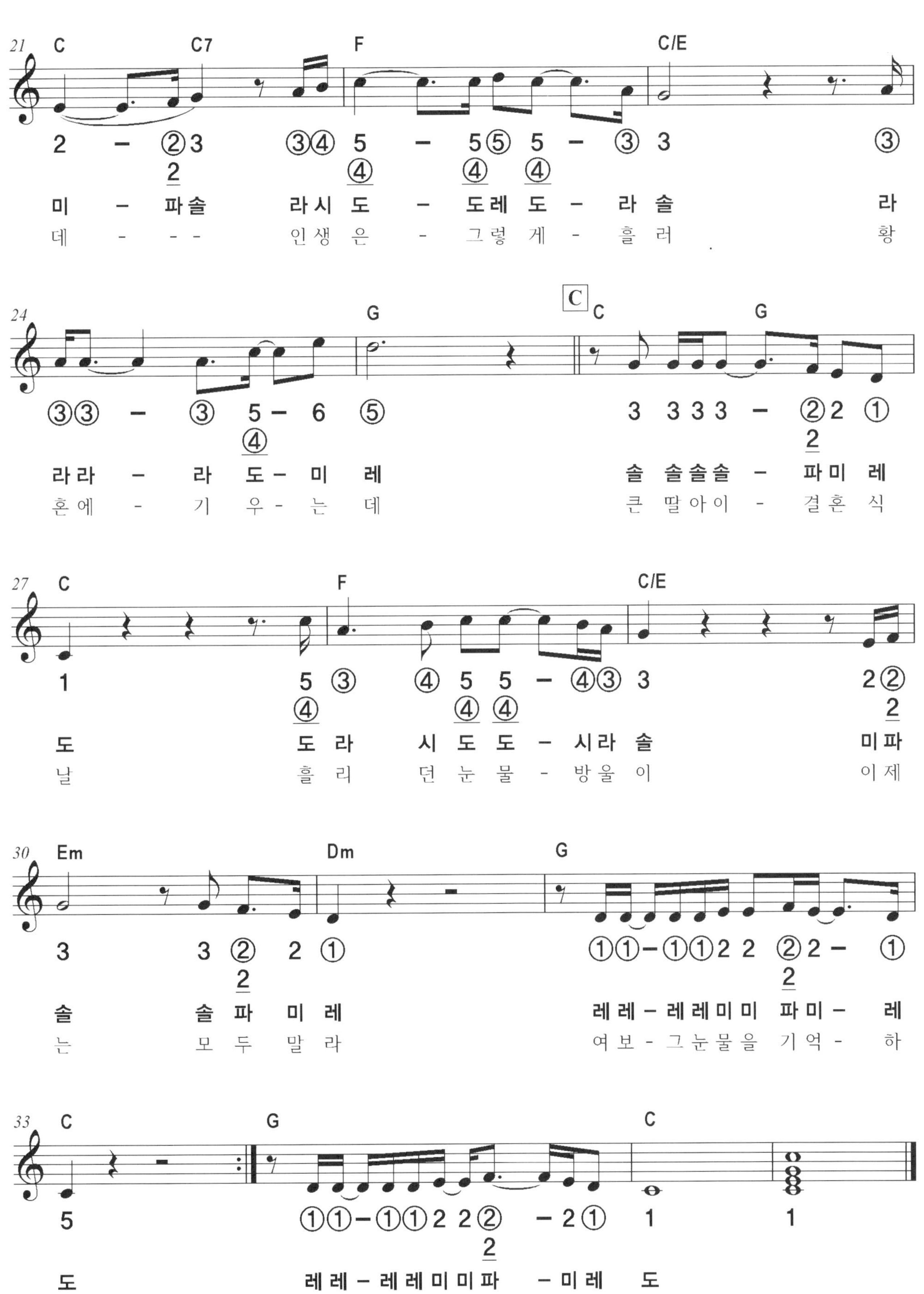
21 C C7 F C/E
2 – ②3 ③④ 5 – 5⑤ 5 – ③ 3 ③
2 ④ ④ ④
미 – 파솔 라시 도 – 도레 도 – 라 솔 라
데 - - - 인생 은 - 그렇 게 - 흘 러 황
24 G C C G
③③ – ③ 5 – 6 ⑤ 3 3 3 3 – ②2 ①
④ 2
라라 – 라 도 – 미 레 솔 솔솔솔 – 파미 레
혼에 - 기 우 - 는 데 큰 딸아이 - 결혼 식
27 C F C/E
1 5 ③ ④ 5 5 – ④③ 3 2②
④ ④ ④ 2
도 도 라 시 도 도 – 시라 솔 미파
날 흘 리 던 눈 물 - 방울 이 이제
30 Em Dm G
3 3 ② 2 ① ①①–①①2 2 ②2 – ①
2 2
솔 솔 파 미 레 레레–레레미미 파미 – 레
는 모 두 말 라 여보-그눈물을 기억 - 하
33 C G C
5 ①①–①①2 2② –2① 1 1
2
도 레레–레레미미파 –미레 도
오 여보-그눈물을기 -억하 오

# 어메이징 그레이스

(Amazing Grace)

37
G/B F/A Bdim7 C C♯dim7 G/D F7 Em7 C♯m7(♭5)
⑨ ⑧ ⑨ ⑧ 7 ⑤ 6 7 7 6 ⑤ ⑤ 7 ⑧ 7
레 시 레 시 솔 레 미 솔 솔 미 레 레 솔 시 솔
42
D7sus4 D7 G G/B F/A G/B Bdim7
⑧ ⑦ 7 − ⑧ ⑨ ⑧ ⑨ ⑧ 7 ⑤
시 라 솔 − 시 레 시 레 시 솔 레
47
C C♯dim7 G/D F7 Em7 C♯m7(♭5) D7sus4 D7 G
6 7 7 6 ⑤ ⑤ 7 ⑧ 7 ⑧ ⑦ 7
미 솔 솔 미 레 레 솔 시 솔 시 라 솔
52
G A7 D7 G
− ⑤ 7 ⑧ 7 ⑧ ⑦ 7 −
− 레 솔 시 솔 시 라 솔 −

# 언제나 몇 번이라도

(「센과 치히로의 행방불명」 OST 중에서)

기무라 유미(木村 弓)

**Moderato** (♩ = 84)

F C/E Dm Am/C

*p*

2 3 ③ ② ④ 3 3 4 3 ② ① ③ ② 2 2

② 5 5

파 솔 라 파 도 라 솔 도 솔 파 레 라 파 미 미

5 B♭ F/A Gm C F

① 2 2 3 1 2 3 ③ ③ ③ ③ 3 ② 3 2 3 ③ ② ④ 3

2 5

레 미 파 솔 도 파 솔 라 ♭시 시 라 솔 파 솔 파 솔 라 파 도 라

10 C/E Dm Am B♭ F/A

3 4 3 ② ① ① 2 2 1 1 1 ① 2 2 3 1 2 3 ③

5

솔 도 솔 파 레 레 미 파 도 도 도 레 미 파 솔 도 파 솔 라

15 Gm C F C/E

*mp*

③ ③ ③ 3 2 2 – ③ ③ 5 5 5 5 5 ⑤ 5 ③

④ ④ ④ ④ ④ ⑤ ④ ③

♭시 시 라 솔 파 파 – 라 ♭시 도 도 도 도 도 레 도 ♭시

20 Dm Am Dm B♭ Gm

③ ③ ③ ③ ③ ③ ③ 3 2 2 2 2 ① 2 2 2 3 3 ③ 3 ③

라 라 라 라 라 ♭시 라 솔 파 파 파 미 레 미 미 파 솔 솔 라 솔 라

25 C F C/E Dm Am

3 ③ ③ 5 5 5 5 5 ⑤ 5 ③ ③ ③ ③ ③ ③ ③ 3 2 2

④ ④ ④ ④ ④ ⑤ ④ ③

솔 라 ♭시 도 도 도 도 도 레 도 ♭시 라 라 라 라 ♭시 라 솔 파 미

30 B♭ F/A B♭ C F

*mf*

① ① 2 2 3 1 2 3 ③ 3 3 3 2 2 – 6 7

레 레 미 파 솔 도 파 솔 라 솔 솔 솔 파 파 – 파 솔

35
F C/E Dm Am/C B♭
⑦⑥9 ⑦ 7 8 7 ⑥⑤⑦ ⑥ 6 6 6 ⑤ 6 6 7
⑧ 9
라 파 도 라 솔 도 솔 파 레 라 파 미 파 미 레 미 파 솔
40
F/A Gm C F C/E
5 6 7 ⑦ ⑦ ⑦⑦ 7 6 7 6 7 ⑦⑥⑧ ⑦ 7 8 7
도 파 솔 라 ♭시 시 라 솔 파 솔 파 솔 라 파 도 라 솔 도 솔
45
Dm Am B♭ F/A Gm C
⑥⑤⑤ 6 6 5 5 ⑤ 6 6 7 5 6 7 ⑦ ⑦ ⑦⑦ 7 6
파 레 레 미 파 도 도 레 미 파 솔 도 파 솔 라 ♭시 시 라 솔 파
50
F C/E Dm
mp
6 – ③③ 5 5 5 5 5 ⑤ 5 ③ ③ ③ ③
④ ④ ④ ④ ④⑤④
파 – 라 ♭시 도 도 도 도 도 레 도 ♭시 라 라 라
55
Am/C Dm B♭ Gm C
③ ③③③ 3 ② ② ② 2 ① 2 2 ② 3 3 ③ 3 ③ 3 ③③
2 2 2 2 2
라 라♭시 라 솔 파 파 파 미 레 미 미 파 솔 솔 라 솔 라 솔 라♭시
60
F C Dm Am
5 5 5 5 5 ⑤ 5 ③ ③ ③ ③ ③③③ 3 ② 2
④ ④ ④ ④ ④ ④
도 도 도 도 도 레 도 ♭시 라 라 라 라 ♭시 라 솔 파 미
64
B♭ F/A B♭ rit. C F p
① ① 2 ② 3 1 ② 3 ③ 3 3 3 ② ② –
레 레 미 파 솔 도 파 솔 라 솔 솔 솔 파 파 –

# 오버 더 레인보우

(Over the Rainbow)

26
Gm
Gm/F
Fm/E♭
D♭
⑤ ⑤ –⑤⑤5⑤ 6 5 ⑩ 9 ⑦ ⑧ 9
⑥ ④
29
G♭
E♭m
B♭m
G♭+
B
D♭
⑥ ⑩ 10 9 ⑨ 10 ⑩ ⑥ ⑨
32
G♭
B
Bm
G♭/D♭
E♭7
9 –⑦7⑥⑤5③② ① –②①①①④ ③ ② 3 ③ ④
35
A♭
D♭
G♭
3 2 ② 3 ③ ② 4 ③ 4 ③ 4 ③ 4 ③ 4
38
A♭m
D♭
rit.
G♭
pp
④ 4 ④ 4 ④ 4 ⑤ 6 ⑥ – –

# 오빠 생각

최순애 작사
박태준 작곡

♩ = 68

**Intro**

C C/E F C/E Dm G C

**A**

C F C F C/E G/D G7

5 6 7 9 ⑦ ⑦ 7 ⑦ 9 ⑦ 7 6 ⑤
⑧ ⑧

도 미 솔 도 라 라 솔 라 도 라 솔 미 레
뜸 북 뜸 북 뜸 북 새 논 - 에 서 울 고

9 C F C F G C

5 6 7 9 ⑦ 9 7 ⑦ 7 ⑤ 6 ⑤ 5
⑧ ⑧

도 미 솔 도 라 도 솔 라 솔 레 미 레 도
뻐 꾹 뻐 꾹 뻐 꾹 새 숲 에 서 - 울 제

13 F C Am7 Am/G D7/F♯ G7

⑦ ⑦ ⑦ ⑦ 7 6 7 6 6 6 7 6 ⑤
라 라 라 라 솔 미 솔 미 미 미 솔 미 레
우 리 오 빠 말 타 고 서 울 가 - 시 면

17 C C7 F C/E Dm7 G C

6 6 6 ⑤ 5 ③ ③ 5 3 3 5 6 ⑤ 7 5
④

미 미 미 레 도 라 라 도 솔 솔 도 미 레 솔 도
비 단 구 - 두 사 가 지 고 오 - 신 다 더 니

**Interlude**

C C7/E F C/E Dm G C

B
C F C F C/E G/D G7
5 6 7 9 ⑦ ⑦ 7 ⑦ 9 ⑦ 7 ⑥ 6 ⑤ ④ 5 ⑤
⑧ ⑧ 6 ④
도 미 솔 도 라 라 솔 라 도 라 솔 파 미 레
기 럭 기 럭 기 러 기 북 - 에 서 - 오 고
29
C F C F G C
5 6 7 9 ⑦ ⑦ 9 7 ⑦ 7 ⑤ 6 ⑤ 5 6 7
⑧ ⑧
도 미 솔 도 라 라 도 솔 라 솔 레 미 레 도 미 솔
귀 뚤 귀 뚤 귀 뚜 라 미 슬 피 울 - 건 만
33
F C Am7 Am/G D7/F♯ G7
⑦ ⑦ ⑦ ⑦ 7 6 7 6 6 6 7 6 ⑤ – 6 ⑥
라 라 라 라 솔 미 솔 미 미 미 솔 미 레 – 미 파
서 울 가 신 오 빠 는 소 식 도 - 없 고 -
37
C C7 F C/E Dm7 G C
6 6 6 ⑤ 5 ③ 5 3 3 5 6 ⑤ 7 5 5 ⑤
④
미 미 미 레 도 라 도 솔 솔 도 미 레 솔 도 도 레
나 뭇 잎 - 만 우 수 수 떨 - 어 집 니 다
41
C C7 F C/E Dm7 G C
6 6 6 ⑤ 5 ③ 5 3 3 5 6 ⑤ 7 5
④
미 미 미 레 도 라 도 솔 솔 도 미 레 솔 도
나 뭇 잎 - 만 우 수 수 떨 - 어 집 니 다
rit.
45
Dm7 G C
3 5 6 ⑤ 7 5
솔 도 미 레 솔 도
떨 - 어 집 니 다

# 올드 프렌드
(Old Friend)

Toots Thielemans

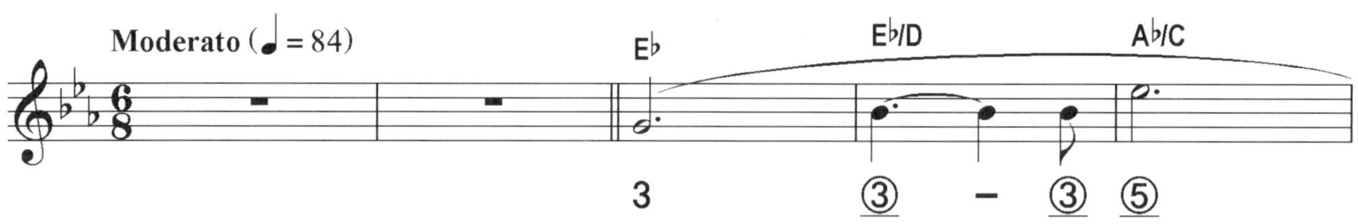


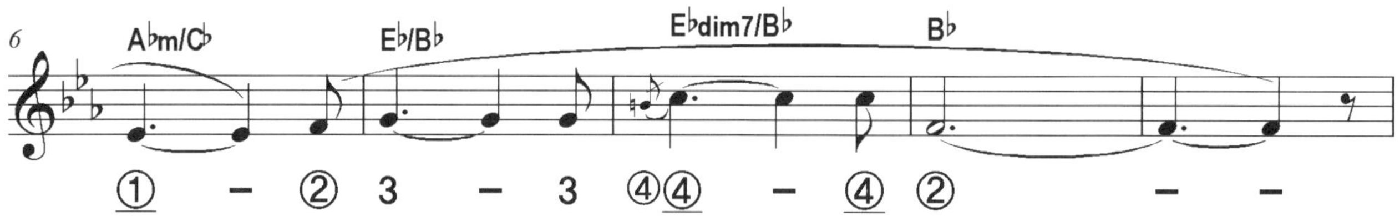


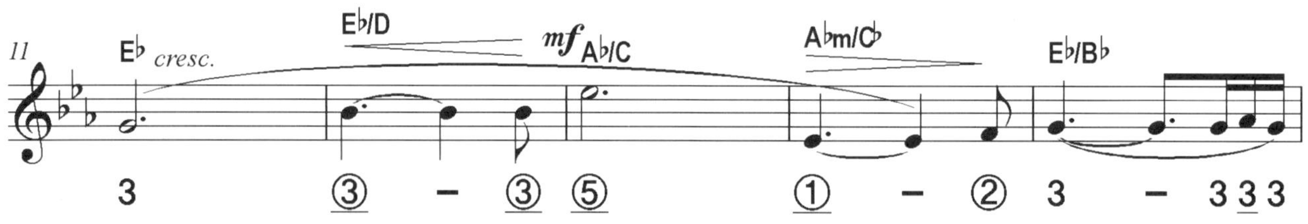


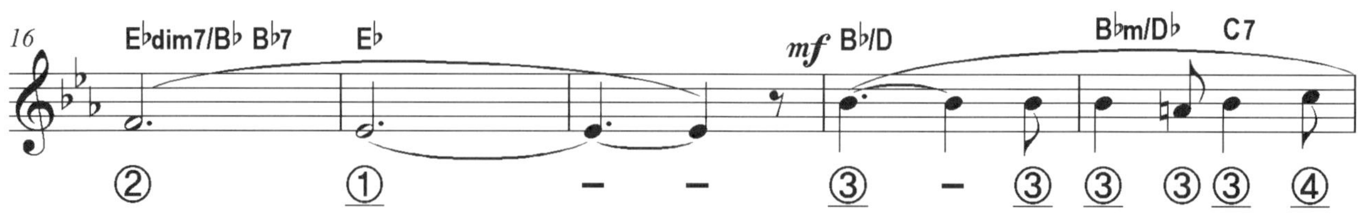

34 E♭/D♭ p A♭ B♭ E♭
39 mp E♭ A♭/E♭ A♭m/E♭ E♭/B♭ E♭dim/B♭ B♭7
46 B♭ E♭ A♭/E♭ A♭m/E♭ E♭/B♭ B♭
53 E♭ B♭/D mf B♭m/D♭ C
57 B♭dim/F Fm C/E D7 Cm/E♭
61 E♭dim/G Gm B♭7 E♭ cresc. E♭/D♭ A♭/C
66 A♭m/C♭ E♭/B♭ ff G/B Cm
70 E♭7/b p A♭6 B♭7 E♭ rit. pp

# 저 들 밖에 한밤중에

작자 미상

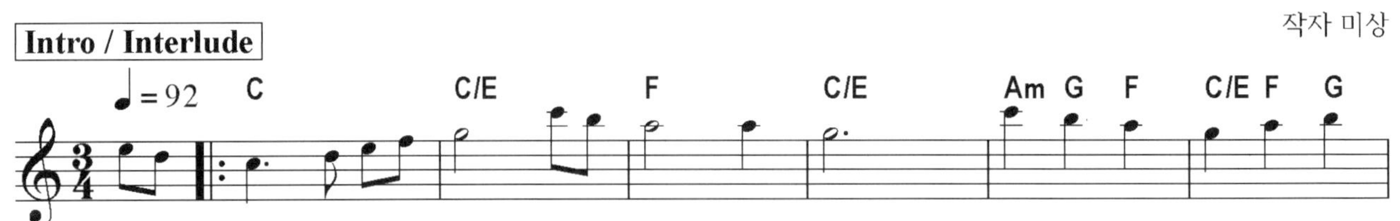

29
F♯m7(♭5) B7 Em A7 Dm7 G7 1.C 2.C G7
9 ⑧ ⑦ 7 ⑦ ⑧ 9 7 ⑥ 6 6 6 ⑤
⑧ 6
도 시 라 솔 라 시 도 솔 파 미 미 미 레
이스 라 엘 왕 - 이 나 - 셨 네 네 노 -
34
C Gm7 C/E F♯m7 B7 Em7 Am7 F♯m7(♭5) B7
5 ⑤ 6 ⑥ 7 9 ⑧ ⑦ ⑦ 7 9 ⑧ ⑦
④ 6 ⑧ ⑧
도 레 미 파 솔 도 시 라 라 솔 도 시 라
엘 - 노 - 엘 노 - 엘 노 엘 이스 라 엘
39
Em A7 Dm7 G7 C G7 Am Gm7 F♯dim
7 ⑦ ⑧ 9 7 ⑥ 6 6 ⑤ 5 ⑤ 6 ⑥ 7 9 ⑧
6 ④ 6 ⑧
솔 라 시 도 솔 파 미 미 레 도 레 미 파 솔 도 시
왕 - 이 나 - 셨 네 노 - 엘 - 노 - 엘 노 -
44
F E7 F C/E Dm7 G7
⑦ ⑧ 9 ⑨ ⑩ 9 ⑧ ⑦ 7 ⑦ ⑧ 9 7 ⑥
⑧ ⑧ 6
라 시 도 레 미 – 도 시 라 솔 라 시 도 솔 파
엘 - 노 - 엘 - 이스 라 엘 왕 - 이 나 - 셨
50
C F♯dim F Em E♭dim Dm7 D♭7 C
6 9 ⑧ ⑦ 7 ⑦ ⑧ 9 7 ⑥ 6
⑧ 6
미 도 시 라 솔 라 시 도 솔 파 미 –
네 이스 라 엘 왕 - 이 나 - 셨 네 -

# 즐거운 나의 집

김재인 역사
Sir Henry R. Bishop 작곡

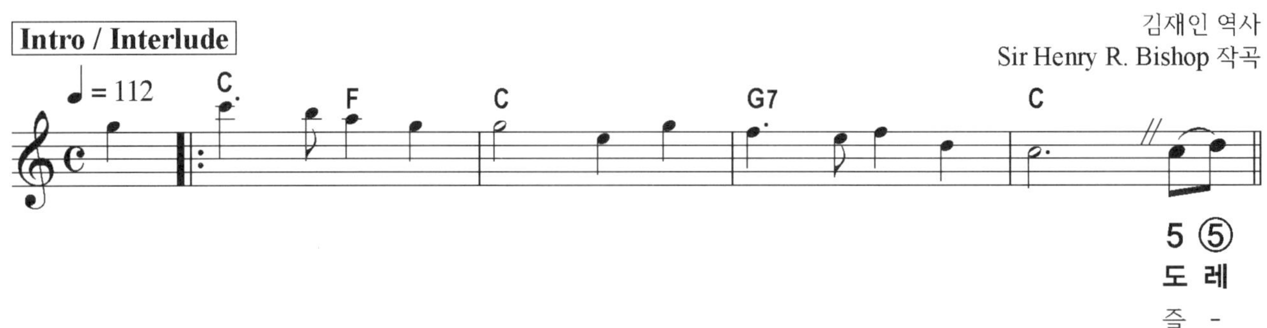

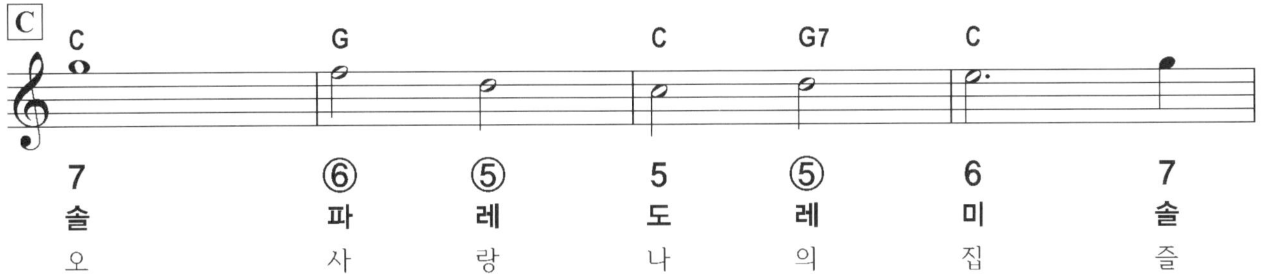
C
C G C G7 C
7 ⑥ ⑤ 5 ⑤ 6 7
솔 파 레 도 레 미 솔
오 사 랑 나 의 집 즐

25
C F C G7 1. C
9 ⑧ ⑦ 7 7 6 7 ⑥ 6 ⑥ ⑤ 5
도 시 라 솔 솔 미 솔 파 미 파 레 도
거 - 운 나 의 벗 내 집 - 뿐 이 리

29
C F C G7 2. C
5 ⑤ 5 7
도 레 도 솔
즐 - 리 즐

34
C F C G7 C
9 ⑧ ⑦ 7 7 6 7 ⑥ 7 ⑦ ⑧ 9
도 시 라 솔 솔 미 솔 파 솔 라 시 도
거 - 운 나 의 벗 내 집 - 뿐 이 리

# 찔레꽃

김영일 작사
김교성 작곡

Intro ♩= 58

C F G C | A C

7 C Am C Am C

14 C G C G C

B

C Am C Am

7 ⑦ 7 6 ⑤ 5 ③ 5 6 7 ⑦⑦9 ⑦7
⑧
솔 라 솔 미 레 도 라 도 미 솔 라 라 도 라 솔
찔 레 꽃 붉 게 - 피 - - 는 - 남 쪽 나 라 -
달 뜨 는 저 녁 - 이 - - 면 - 노 래 하 던 -

26 C G C

6 7 6 ⑤ 5 ⑤ 7 ⑦ 7 6 ⑤ 5
④
미 솔 미 레 도 레 솔 라 솔 미 레 도
내 고 - - - 향 언 덕 위 에 초 가
새 동 - - - 무 천 리 객 창 북 두

31 Am C

9 ⑦ 9 ⑦ 7 9 ⑦7 6 ⑤5⑤6 5
⑧ ⑧ ⑧ ④
도 라 도 라 솔 도 라 솔 미 레 도 레 미 도
삼 - - 간 그 립 - - 습 니 - - - 다
성 - - 이 서 럽 - - 습 니 - - - 다

C G C Dm Am C
– 9 9 ⑨ 10 ⑨ 10 9⑨9⑦7 6
⑧ ⑧
– 도 도 레 미 레 미 도레도라솔 미
- 자 주 고 름 입 에 물- - - - 고
- 작 년 전 에 모 여 앉- - - - 아
C
9 ⑨ 9⑨ 9 ⑦9⑦7⑦ 7 – 7 ⑦9
⑧ ⑧
도 레 도레 도 라도라솔라 솔 – 솔 라도
눈 물 - - 젖 - - - - - 어 - 이 별 -
매 일 - - 같 - - - - - 이 하 염 -
Am C Am C G
⑦ 7 6⑤5 ③ 5 6 7 7 9 ⑦7 6 ⑤5⑤6
④ ⑧ ④
라 솔 미레도 라 도미 솔 솔 도 라솔 미 레도레미
가 를 불-러 주 - - 던 못 잊 을- 사 람- - -
없 이 바-라 보 - - 니 즐 거 운- 시 절- - -
1. C C Dm
5 –
도 –
아 -
Dm Am D7 G C F C
C F G C 2.C
5 – 5
도 – 도
아 -

# 창밖을 보라

**Intro & Interlude**

♩= 116

Lew Porter, Tee Pee Mitchell

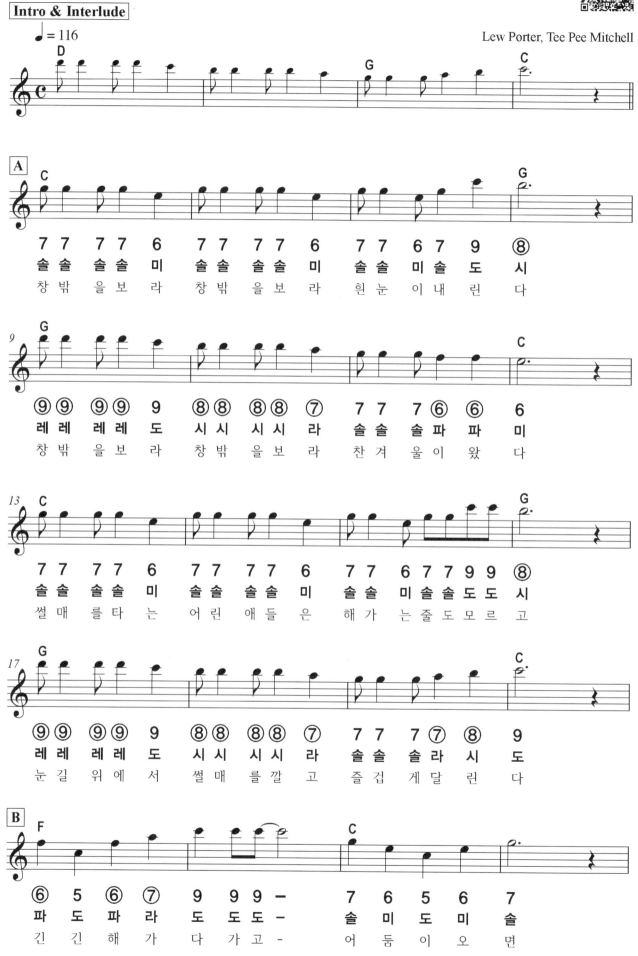

D G C

**A**

C G

7 7 7 7 6 7 7 7 7 6 7 7 6 7 9 ⑧
솔 솔 솔 솔 미 솔 솔 솔 솔 미 솔 솔 미 솔 도 시
창 밖 을 보 라 창 밖 을 보 라 흰 눈 이 내 린 다

9 G C

⑨ ⑨ ⑨ ⑨ 9 ⑧ ⑧ ⑧ ⑧ ⑦ 7 7 7 ⑥ ⑥ 6
레 레 레 레 도 시 시 시 시 라 솔 솔 솔 파 파 미
창 밖 을 보 라 창 밖 을 보 라 찬 겨 울 이 왔 다

13 C G

7 7 7 7 6 7 7 7 7 6 7 7 6 7 7 9 9 ⑧
솔 솔 솔 솔 미 솔 솔 솔 솔 미 솔 솔 미 솔 솔 도 도 시
썰 매 를 타 는 어 린 애 들 은 해 가 는 줄 도 모 르 고

17 G C

⑨ ⑨ ⑨ ⑨ 9 ⑧ ⑧ ⑧ ⑧ ⑦ 7 7 7 ⑦ ⑧ 9
레 레 레 레 도 시 시 시 시 라 솔 솔 솔 라 시 도
눈 길 위 에 서 썰 매 를 깔 고 즐 겁 게 달 린 다

**B**

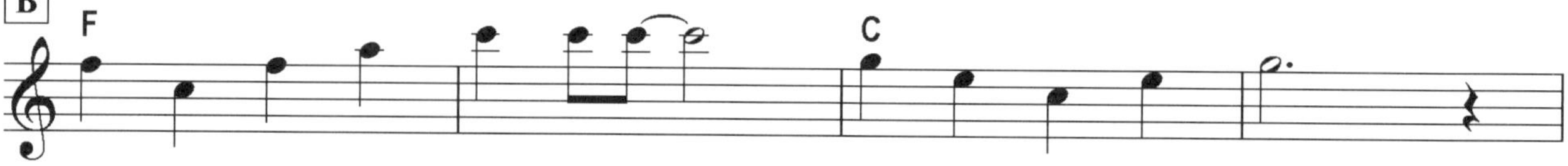

F C

⑥ 5 ⑥ ⑦ 9 9 9 – 7 6 5 6 7
파 도 파 라 도 도 도 – 솔 미 도 미 솔
긴 긴 해 가 다 가 고 - 어 둠 이 오 면

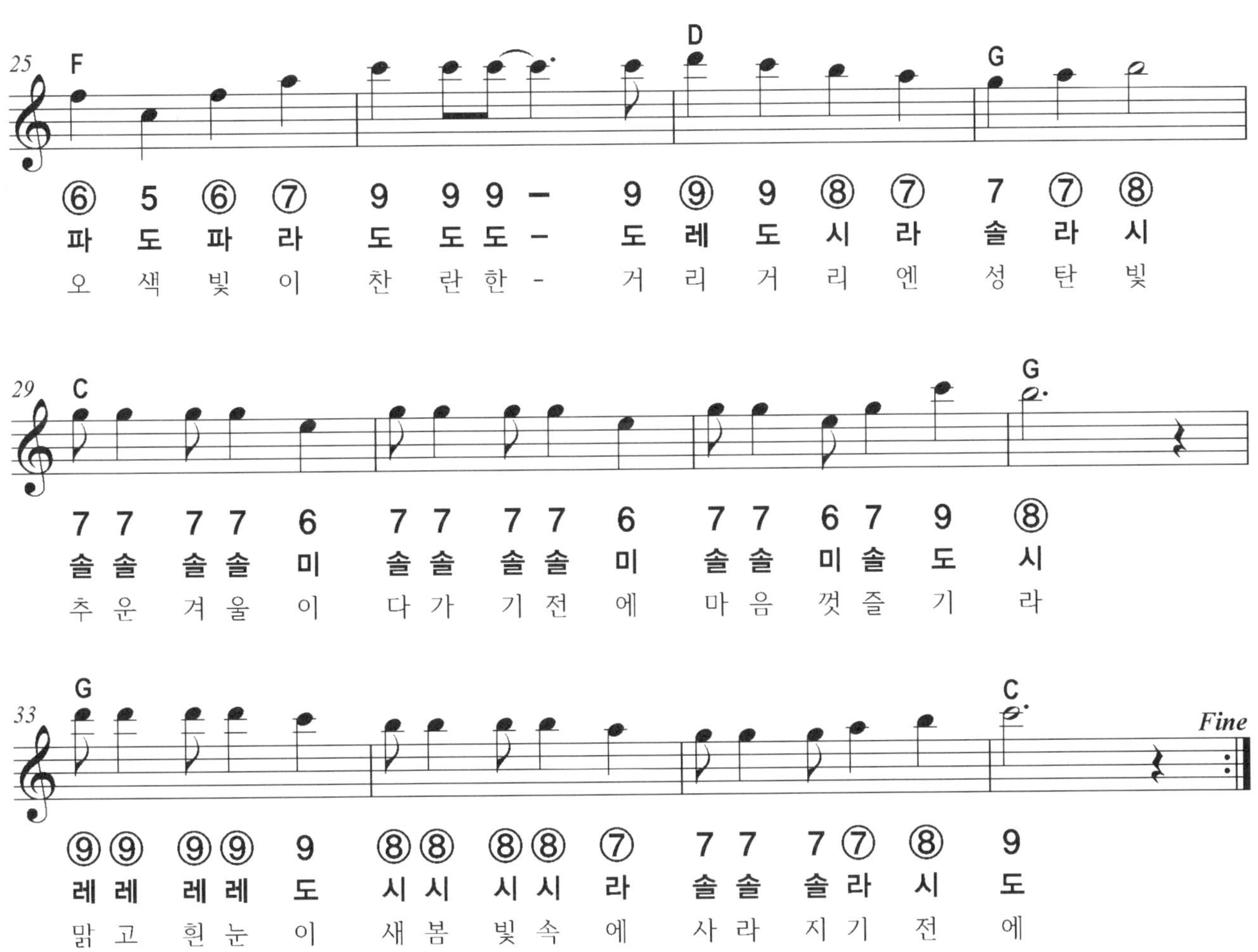
25 F D G
⑥ 5 ⑥ ⑦ 9 9 9 – 9 ⑨ 9 ⑧ ⑦ 7 ⑦ ⑧
파 도 파 라 도 도 도 – 도 레 도 시 라 솔 라 시
오 색 빛 이 찬 란 한 - 거 리 거 리 엔 성 탄 빛
29 C G
7 7 7 7 6 7 7 7 7 6 7 7 6 7 9 ⑧
솔 솔 솔 솔 미 솔 솔 솔 솔 미 솔 솔 미 솔 도 시
추 운 겨 울 이 다 가 기 전 에 마 음 껏 즐 기 라
33 G C Fine
⑨ ⑨ ⑨ ⑨ 9 ⑧ ⑧ ⑧ ⑧ ⑦ 7 7 7 ⑦ ⑧ 9
레 레 레 레 도 시 시 시 시 라 솔 솔 솔 라 시 도
맑 고 흰 눈 이 새 봄 빛 속 에 사 라 지 기 전 에

# 작은 별

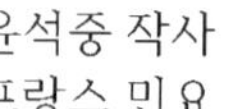

윤석중 작사
프랑스 민요

Intro
G7 C C F C
5 5 7 7 ⑦ ⑦ 7
도 도 솔 솔 라 라 솔
반 짝 반 짝 작 은 별

5
F C G C F C G
⑥ ⑥ 6 6 ⑤ ⑤ 5 7 7 ⑥ ⑥ 6 6 ⑤
파 파 미 미 레 레 도 솔 솔 파 파 미 미 레
아 름 답 게 비 치 네 동 쪽 하 늘 에 서 도

9
C F C G C F C
7 7 ⑥ ⑥ 6 6 ⑤ 5 5 7 7 ⑦ ⑦ 7
솔 솔 파 파 미 미 레 도 도 솔 솔 라 라 솔
서 쪽 하 늘 에 서 도 반 짝 반 짝 작 은 별

13
Outro
F C G C F C G C
⑥ ⑥ 6 6 ⑤ ⑤ 5
파 파 미 미 레 레 도
아 름 답 게 비 치 네

# 콜로라도의 달

미국 민요

♩=90

C G7 C

5 C F C

6 5 3 3 ③ 5 ⑥ ⑦ 7 6 –
④

미 도 솔 #솔 라 도 파 라 솔 미 –

콜 로 라 도 의 달 밝 은 밤 은 -

9 C G7 C F

7 ⑥ ⑥ 6 ⑤ 5 ⑤ 6 5 – ⑦ ⑦ ⑦

솔 #파 ♮파 미 레 #도 레 미 도 – 라 라 라

마 음 그 리 워 저 하 - 늘 - 반 짝 이

물 결 위 에 비 - 치 - 네 -

14 F C Am D7

⑥ ⑦ 7 ⑥ 7 6 6 6 6 6 6 ⑤ 5

파 라 솔 #파 솔 ♮파 미 미 미 미 미 레 도

는 금 물 결 은 물 결 처 량 한 잘 빛 이

19 G G7 C F C

7 – 6 5 3 3 ③ 5 ⑥ ⑦ 7 6
④

솔 – 미 도 솔 #솔 라 도 파 라 솔 미

여 - 콜 로 라 도 의 달 밝 은 밤 은

24 C G7 C

– 7 ⑥ ⑥ 6 ⑤ 5 ⑤ 6 5 –

– 솔 #파 ♮파 미 레 #도 레 미 도 –

- 나 - 홀 로 걸 어 가 - 네 -

# 천사 찬송하기를

Intro & Interlude
♩= 106
Felix Medelssohn
A A/C♯ Dm A/C♯ Dm G/B C F/A G/B C

5
A A/C♯ Dm A/C♯ Dm G/B C F/A G/B C

A
C Dm C/E F C/E G/D C
3 5 5 ④ 5 6 6 ⑤ 7 7 7 ⑥ 6 ⑤ 6
솔 도 도 시 도 미 미 레 솔 솔 솔 파 미 레 미
천 사 찬 송 하 기 를 - 거 룩 하 신 구 주 께

13
C/E F C/E F G/D D7 G
3 5 5 ④ 5 6 6 ⑤ 7 ⑤ ⑤ 5 ④ ③ 3
솔 도 도 시 도 미 미 레 솔 레 레 도 시 라 솔
영 광 돌 려 보 내 세 - 구 주 오 늘 나 셨 네

B
C/E F F/A G/B C/E F F/A G
7 7 7 5 ⑥ 6 6 ⑤ 7 7 7 5 ⑥ 6 6 ⑤
솔 솔 솔 도 파 미 미 레 솔 솔 솔 도 파 미 미 레
크 고 작 은 나 라 들 - 기 뻐 화 답 하 여 라 -

21
A7 A/C♯ Dm G/B C F/A G/B C
⑦ ⑦ ⑦ 7 ⑥ 6 ⑥ ⑤ 6 ⑥ 7 5 5 ⑤ 6
라 라 라 솔 파 미 파 레 미 파 솔 도 도 레 미
영 광 받 을 왕 의 왕 베 들 레 헴 - 나 신 주

25
A7 A/C♯ Dm G/B C F/A G/B C
⑦ ⑦ ⑦ 7 ⑥ 6 ⑥ ⑤ 6 ⑥ 7 5 5 ⑤ 5
라 라 라 솔 파 미 파 레 미 파 솔 도 도 레 도
영 광 받 을 왕 의 왕 베 들 - 레 헴 나 신 주

Ending
A7 A/C♯ Dm A/C♯ Dm G/B C
1. F/A G/B C
⑦ ⑦ ⑦ 7 ⑥ 6 ⑥ ⑤ 6 ⑥ 7 5 5 ⑤ 6
라 라 라 솔 파 미 파 레 미 파 솔 도 도 레 미
영 광 받 을 왕 의 왕 베 들 - 레 헴 나 신 주

33
2. F/A G/B C
G/B C F/A G/B C
5 ⑤ 5 ⑤ 6 ⑥ 7 5 5 ⑤ 5 –
도 레 도 레 미 파 솔 도 도 레 도 –
나 신 주 베 들 - 레 헴 나 신 주 -

# 천사들의 노래가

**Intro & Interlude**

♩ = 108

프랑스 캐롤

C A Dm G C F/A G/B

5 C/E G/D C F/A C/G G C

**A**

C Em/B

6 6 6 7
미 미 미 솔
천 사 들 의

9 Am7 C Em/B Am C/G F C/E

7 ⑥ 6 6 ⑤ 6 7 6 ⑤ 5 6 6 6 7
솔 파 미 미 레 미 솔 미 레 도 미 미 미 솔
노 래 가 하 늘 에 서 들 리 니 산 과 들 이

13 G/D C/E F C/E G/D C

**B**

C A7

7 ⑥ 6 6 ⑤ 6 7 6 ⑤ 5 7 ⑦ 7 ⑥ 6
솔 파 미 미 레 미 솔 미 레 도 솔 라 솔 파 미
기 뻐 서 메 아 리 쳐 울 린 다 영 - - - -

17 Dm G7 C/E F G /F C/E F C/G F/A

⑥ 7 ⑥ 6 ⑤ 6 ⑥ 6 ⑤ 5 ⑤ 3 3 5 ⑤ 6 ⑥
파 솔 파 미 레 미 파 미 레 도 레 솔 솔 도 레 미 파
- - - - - - - - - - - 광 을 높 이 계 신

21 C/G G/C C/E A7 Dm G7 C/E F

6 ⑤ 7 ⑦ 7 ⑥ 6 ⑥ 7 ⑥ 6 ⑤ 6 ⑥ 6 ⑤ 5
미 레 솔 라 솔 파 미 파 솔 파 미 레 미 파 미 레 도
주 께 영 - - - - - - - - - - - - - - -

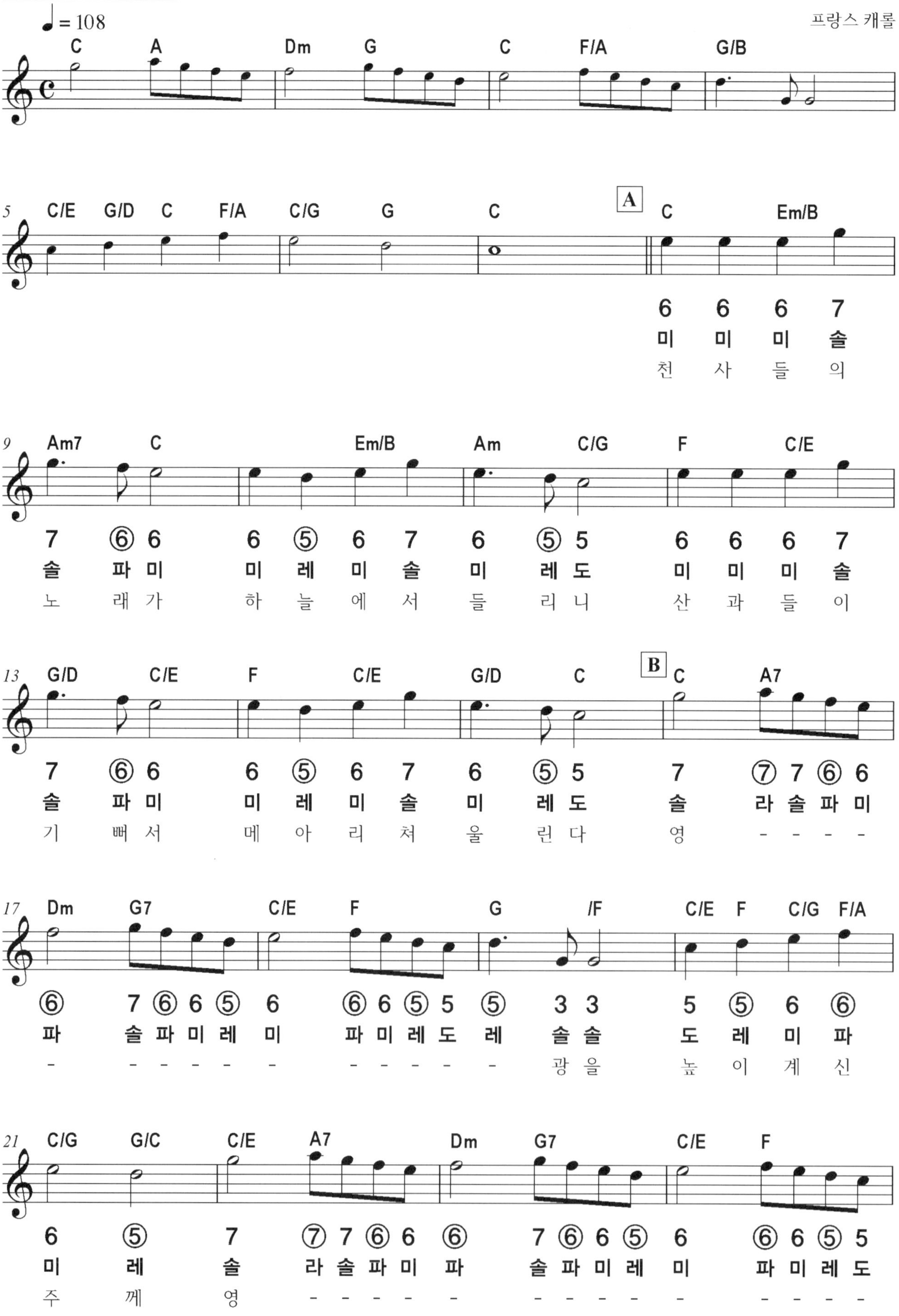

25
G G/F C/E G/D C F/A C/G G7 C
⑤ 3 3 5 ⑤ 6 ⑥ 6 ⑤ 5
레 솔 솔 도 레 미 파 미 레 도
- 광 을 높 이 계 신 주 님 께

Ending
C/E G/D C F/A C/G G7 C
5 ⑤ 6 ⑥ 6 ⑤ 5 ⑤ 6 ⑥ 7 ⑦ ⑧ 9 9
도 레 미 파 미 레 도 레 미 파 솔 라 시 도 도

D Major

# 타이스의 명상곡

(Meditation de "Thais")

J. Massenet

**Andante Religioso**

2 D
*p*
⑥ – ⑤③⑤⑥ ⑧ 9 ⑨ ⑤ 6 ⑥7⑥6⑥⑦③

6 G Em A G/B
*p*
④ 5 ⑤ ⑥ 6 7 ⑤ 6 ⑥ 7 ⑦⑧⑧ ④ 5 ⑤ 6⑤5⑤

10 A/C# C#+ D
*f* *pp* *f*
6 ⑥ ⑥ – ⑤③⑤⑥ ⑧ 9 ⑨ ⑥ – ⑤③⑤⑥⑦

14 C B Em
*f* *cresc.* *ff*
9 ⑨ 10 ⑩ – ⑨ ⑧⑥⑤ ⑦ 7 6 ④ 3 ⑥ 6 ④ 3 2

17 D/A Asus4 A7
*p* *f* *p*
⑤ ③②①③④ 1 ① 2 ② 3 2 ② ④ 2 ① 1

21 1. D C/E C#dim7 Em/B
*mf* *f*
① 5 – 3 ③ 2 3 ② ③5 6 6 – ④ 5 3

25 A G/B Bm C
④ ③ 5 6 7 7 ⑦ ⑧ ⑥ ⑤ ④ 6 ⑥6⑤6⑥7 7 6 5 3

C7
F/C
cresc.
B♭m/D♭
Fm/C
B♭m
Fm/A♭
Gdim7
Fm
Gdim7
Fm/A♭
F/A
A
A
dim.
2. D
C♯7
cresc.
D
E♭7
D
D
G/B
F♯/A♯
A7
D

F Major

# 타이스의 명상곡

(Meditation de "Thais")

E♭7
A♭/E♭
cresc.
D♭m/F♭
D♭m
A♭/C♭
B♭dim7
A♭m
B♭dim7
A♭m/C♭
A♭/C
C
C
dim.
2. F
E7
cresc.
F
G♭7
F
F
B♭/D
A/C♯
C7
F

# 해변의 여인

박성규 작사 / 작곡

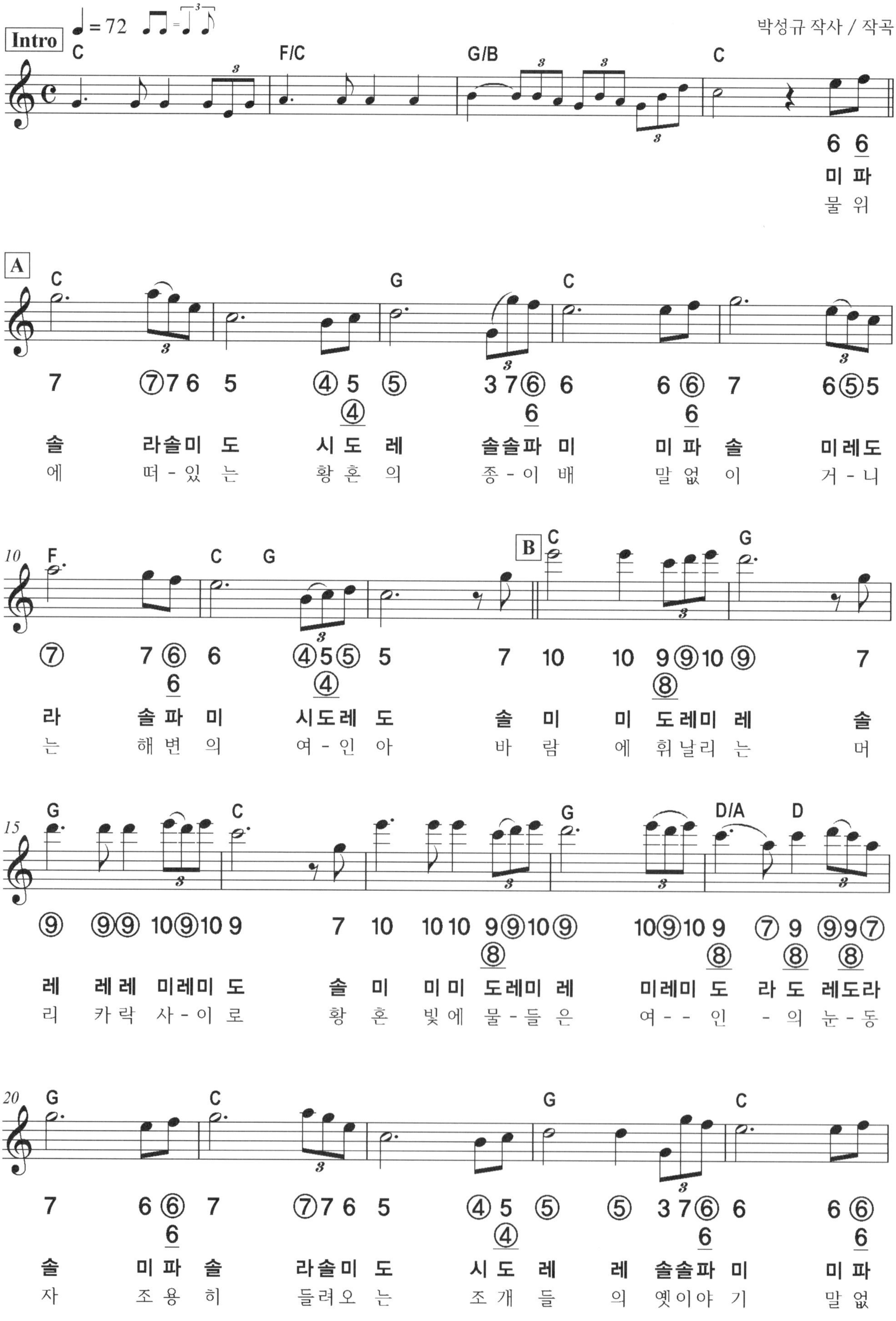

Intro ♩= 72

C F/C G/B C

6 6
미 파
물 위

A

C G C

7 ⑦7 6 5 ④ 5 ⑤ 3 7⑥ 6 6 ⑥ 7 6⑤5
④ 6 6
솔 라솔미 도 시 도 레 솔솔파 미 미 파 솔 미레도
에 떠 - 있 는 황 혼 의 종 - 이 배 말 없 이 거 - 니

10 F C G B C G

⑦ 7 ⑥ 6 ④5⑤ 5 7 10 10 9⑨10 ⑨ 7
6 ④ ⑧
라 솔 파 미 시도레 도 솔 미 미 도레미 레 솔
는 해 변 의 여 - 인 아 바 람 에 휘날리 는 머

15 G C G D/A D

⑨ ⑨⑨ 10⑨10 9 7 10 1010 9⑨10⑨ 10⑨10 9 ⑦ 9 ⑨9⑦
⑧ ⑧ ⑧ ⑧
레 레레 미레미 도 솔 미 미미 도레미 레 미레미 도 라 도 레도라
리 카락 사 - 이 로 황 혼 빛에 물 - 들 은 여 - - 인 - 의 눈 - 동

Interlude
25
C F C G C
7 6⑤5 ⑦ 7⑥ 6 ④5⑤ 5
④ 6 ④
솔 미레도 라 솔파 미 시도레 도
이 바라보 는 해변 의 여-인 아
30
C G C F C G C
7
솔
바
B'
C G C
10 10 9⑨10 ⑨ 7 ⑨ ⑨⑨ 10⑨10 9 7 10 10 10 9⑨10
⑧ ⑧
미 미 도레미 레 솔 레 레레 미레미 도 솔 미 미미 도레미
람 에 휘날리 는 머 리 카락 사-이 로 황 혼 빛에 물-들
42
G D/A D G C
⑨ 10⑨10 9 ⑦ 9 ⑨9⑦ 7 6⑥ 7 ⑦76 5 ④5
⑧ ⑧ ⑧ 6 ④
레 미레미 도 라 도 레도라 솔 미파 솔 라솔미 도 시도
은 여-- 인 -의 눈-동 자 조용 히 들려오 는 조개
47
G C F C G
⑤ ⑤ 37⑥ 6 6⑥ 7 6⑤5 ⑦ 7⑥ 6 ④5⑤
6 6 ④ 6 ④
레 레 솔솔파 미 미파 솔 미레도 라 솔파 미 시도레
들 의 옛이야 기 말없 이 바라보 는 해변 의 여-인
52
C F C G C
5 6⑥ 7 6⑤5 ⑦ 7⑥ 6 ④5⑤ 5
6 6 ④
도 미파 솔 미레도 라 솔파 미 시도레 도
아 말없 이 바라보 는 해변 의 여-인 아

# 헤이 주드

(Hey Jude)

Paul McCartney

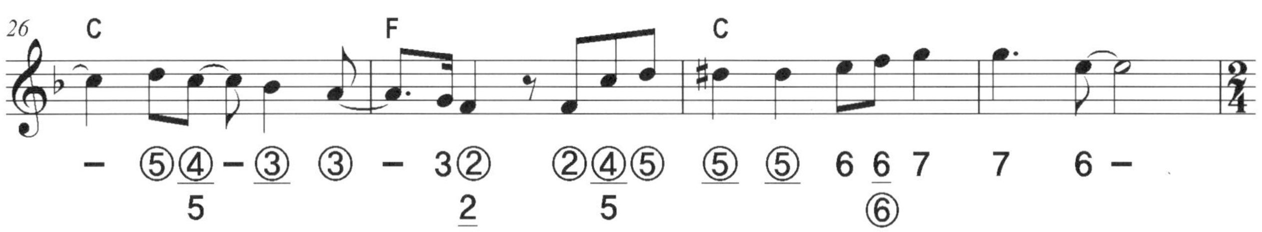
26
C F C
– ⑤④ – ③ ③ – 3② ②④⑤ ⑤ ⑤ 6 6 7 7 6 –
5 2 5 ⑥

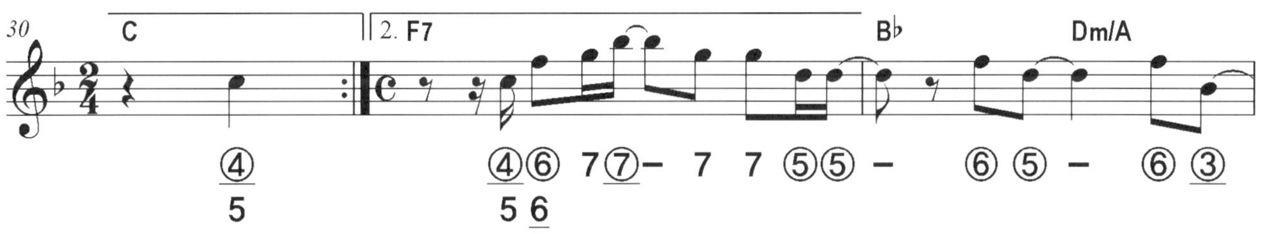
30
C
2. F7
B♭ Dm/A
④ ④⑥ 7⑦– 7 7 ⑤⑤ – ⑥ ⑤ – ⑥ ③
5 5 6

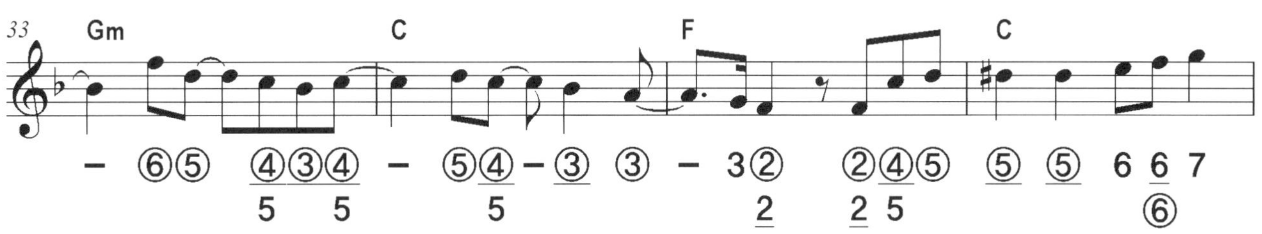
33
Gm C F C
– ⑥⑤ ④③④ – ⑤④ – ③ ③ – 3② ②④⑤ ⑤ ⑤ 6 6 7
5 5 5 2 2 5 ⑥

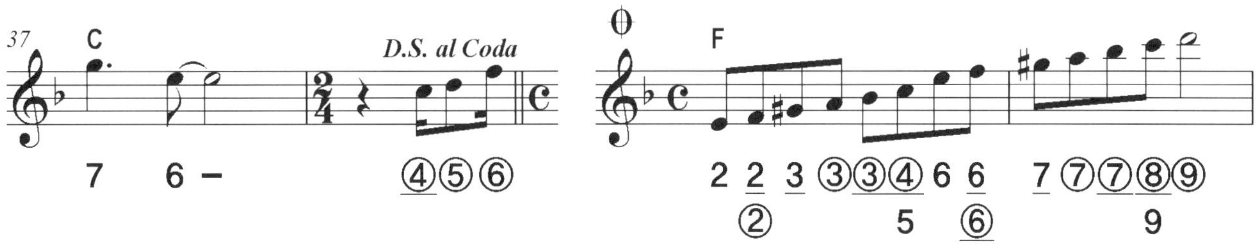
37
C
D.S. al Coda
F
7 6 – ④⑤⑥ 2 2 3 ③③④ 6 6 7 ⑦⑦⑧⑨
② 5 ⑥ 9

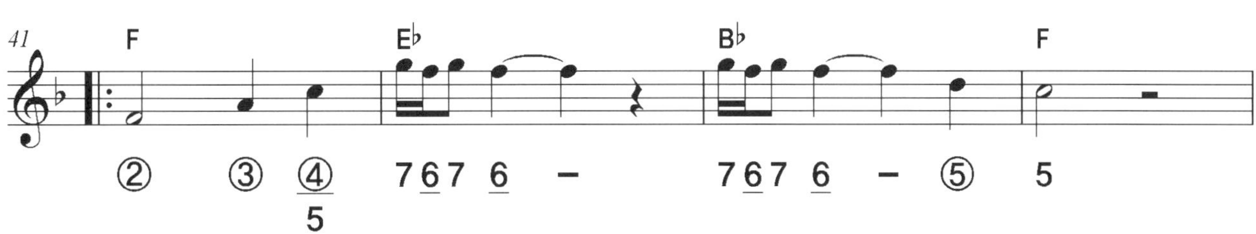
41
F E♭ B♭ F
② ③ ④ 7 6 7 6 – 7 6 7 6 – ⑤ 5
5

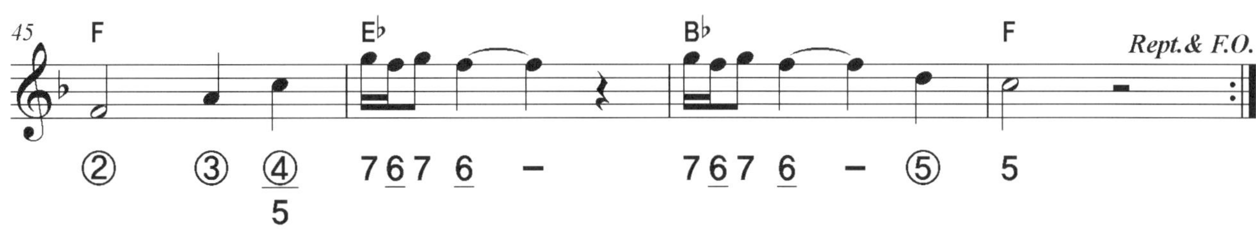
45
F E♭ B♭ F
Rept.& F.O.
② ③ ④ 7 6 7 6 – 7 6 7 6 – ⑤ 5
5

# G선상의 아리아

(Air on G)

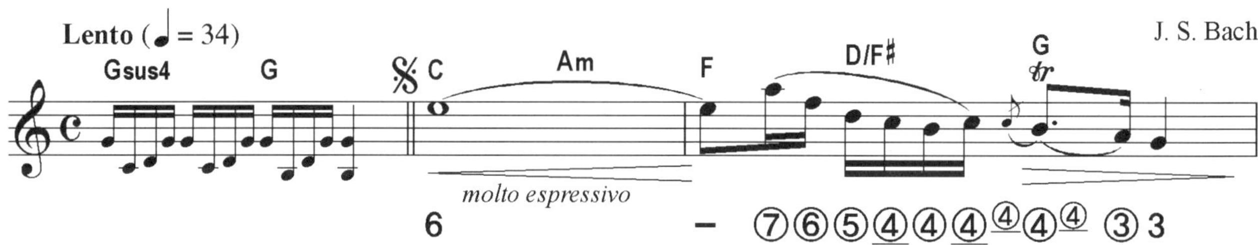


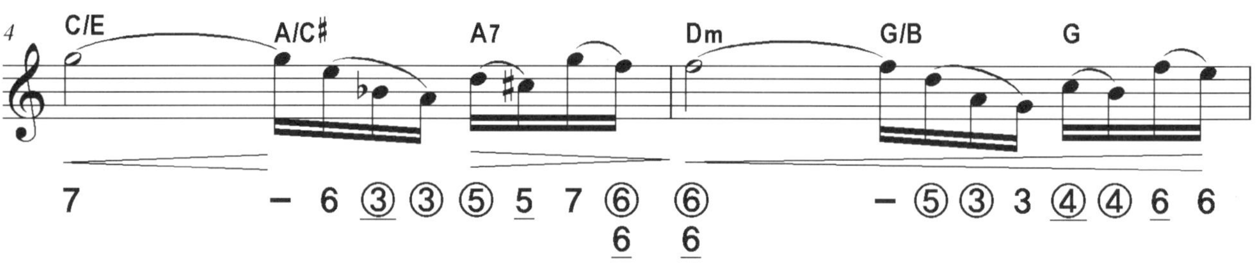


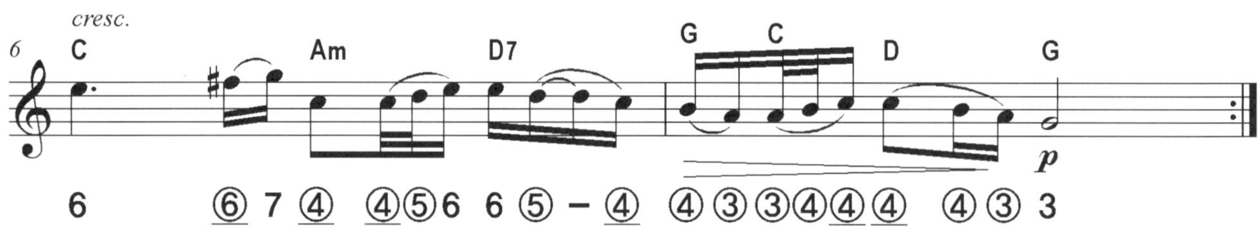


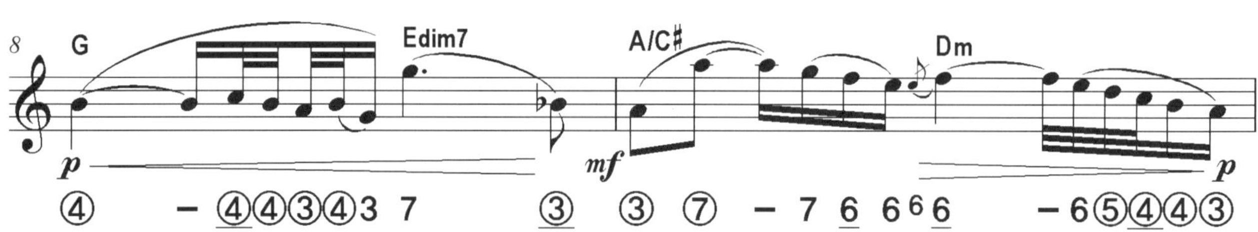


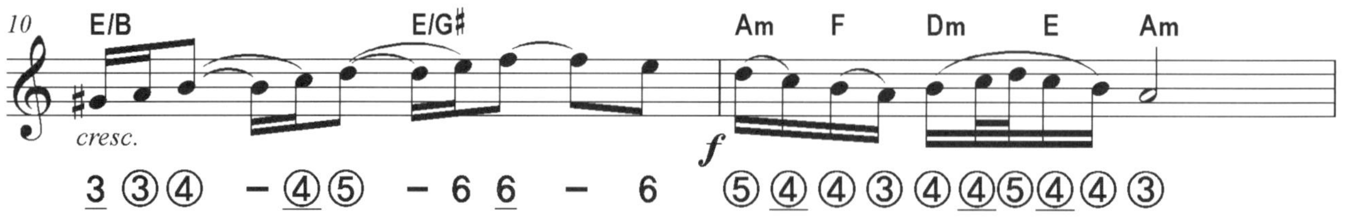


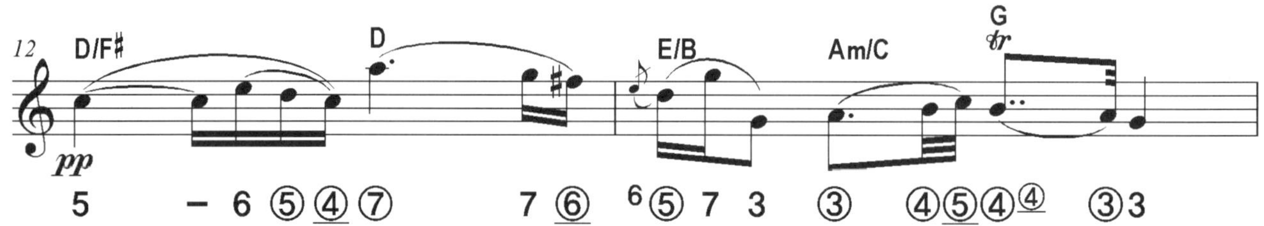

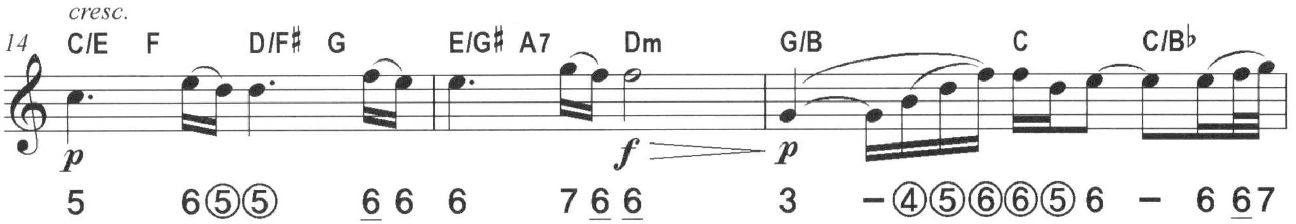
cresc.
14
C/E F D/F♯ G E/G♯ A7 Dm G/B C C/B♭
p f p
5 6⑤⑤ 6 6 6 7 6 6 3 –④⑤⑥⑥⑤6 – 6 67

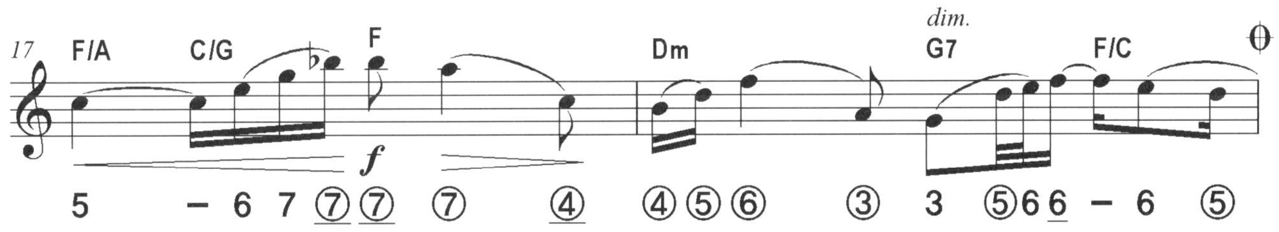
17
F/A C/G F Dm
dim.
G7 F/C
f
5 – 6 7 ⑦⑦ ⑦ ④ ④⑤⑥ ③ 3 ⑤66 – 6 ⑤

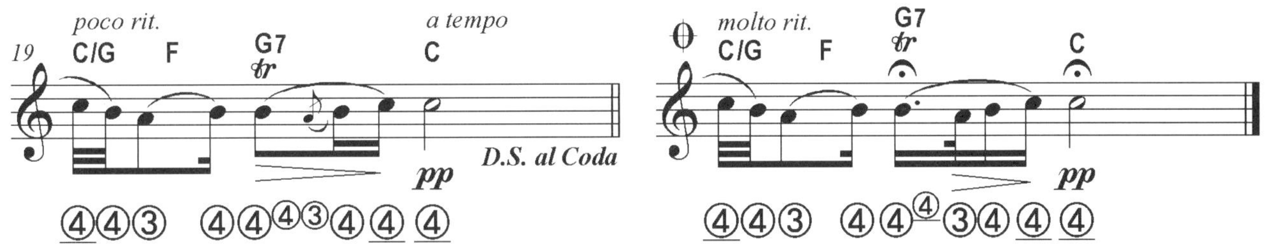
poco rit.
19
C/G F G7 tr
a tempo
C
pp
D.S. al Coda
④④③ ④④④③④④ ④
molto rit.
C/G F G7 tr C
pp
④④③ ④④④③④④④

D Major

# 가브리엘의 오보에

(Gabriel's Oboe)

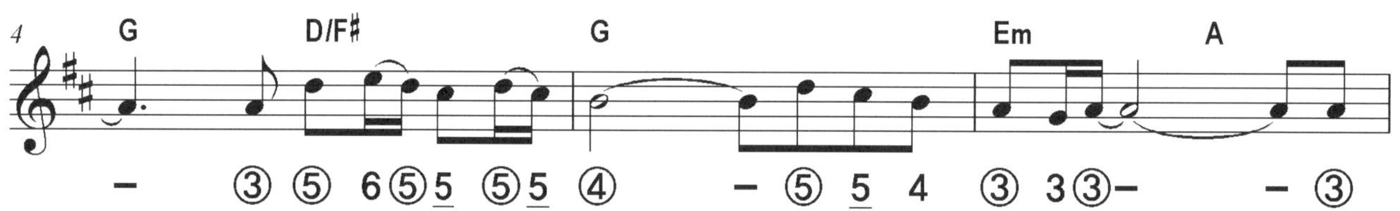

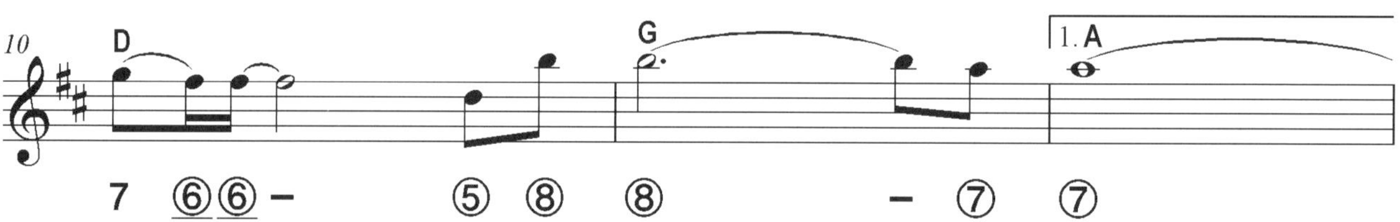


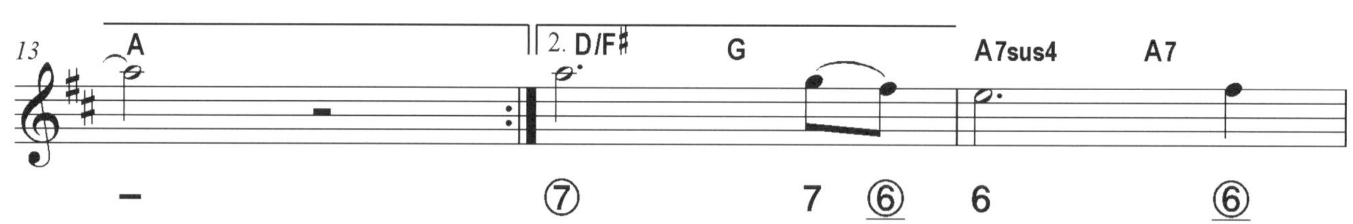


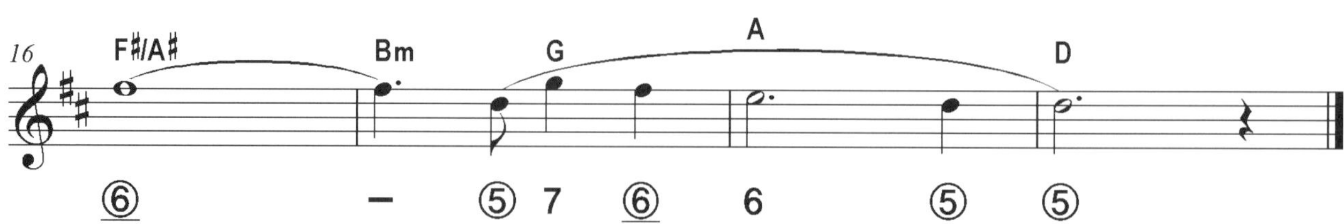

E♭ Major

# 가브리엘의 오보에

(Gabriel's Oboe)

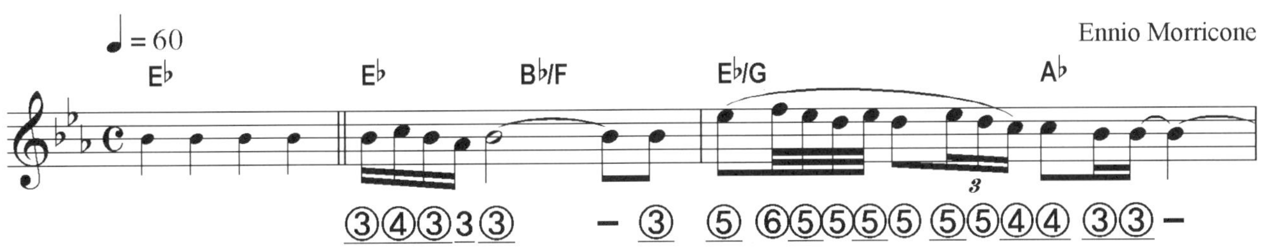


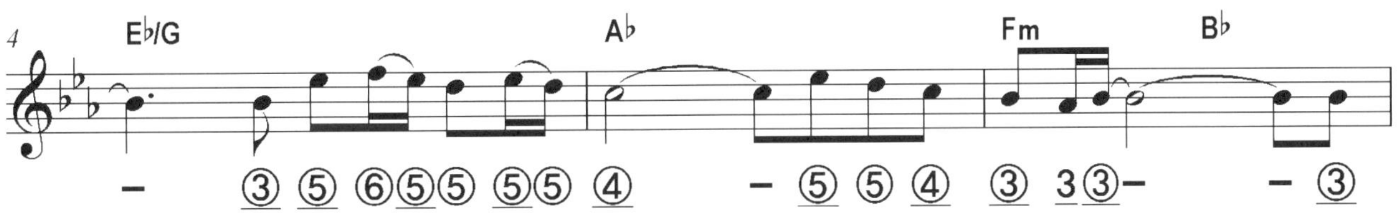

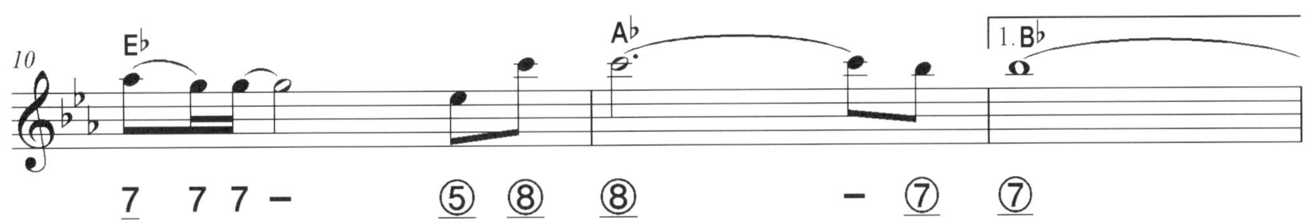

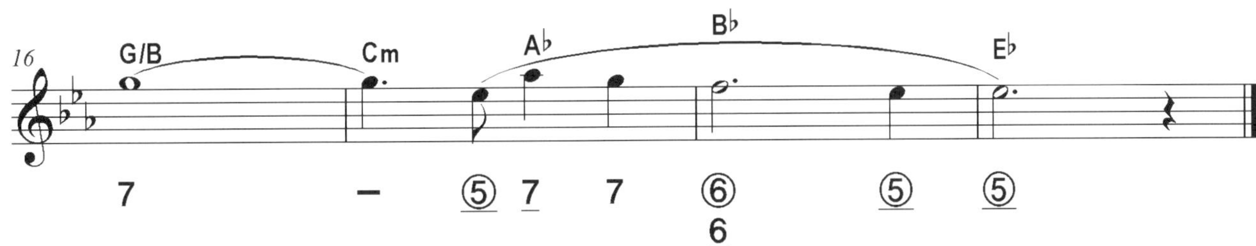

# Part 3

# 스케일과 테크닉

# 크로매틱 하모니카 스케일

C♯-Key
1 ① 2 ② 3 ③ ④ 5 ⑤ 5 ④ ③ 3 ② 2 ① 1
F-Key
② 3 ③ ③ 5 ⑤ 6 ⑥ 7 ⑥ 6 ⑤ 5 ③ ③ 3 ②
B♭-Key
③ 5 ⑤ ⑤ ⑥ 7 ⑦ ⑦ 9 ⑦ ⑦ 7 ⑥ ⑤ ⑤ 5 ③
④ ⑧ ④
E♭-Key
① ② 3 3 ③ ④ ⑤ ⑤ ⑥ ⑤ ⑤ ④ ③ 3 3 ② ①
5 5
A♭-Key
3 ③ 5 5 ⑤ ⑥ 7 7 ⑦ 7 7 ⑥ ⑤ 5 5 ③ 3
D♭-Key
1 ① ② ② 3 ③ 5 5 ⑤ 5 5 ③ 3 ② ② ① 1
G♭-Key
② 3 ③ ④ 5 ⑤ ⑥ ⑥ 7 ⑥ ⑥ ⑤ 5 ④ ③ 3 ②
C♭-Key
④ 5 ⑤ 6 ⑥ 7 ⑦ ⑧ 9 ⑧ ⑦ 7 ⑥ 6 ⑤ 5 ④

# 크로매틱 하모니카 테크닉

## C-Key

6
7
8
9
10
11

12
13
14
15
16

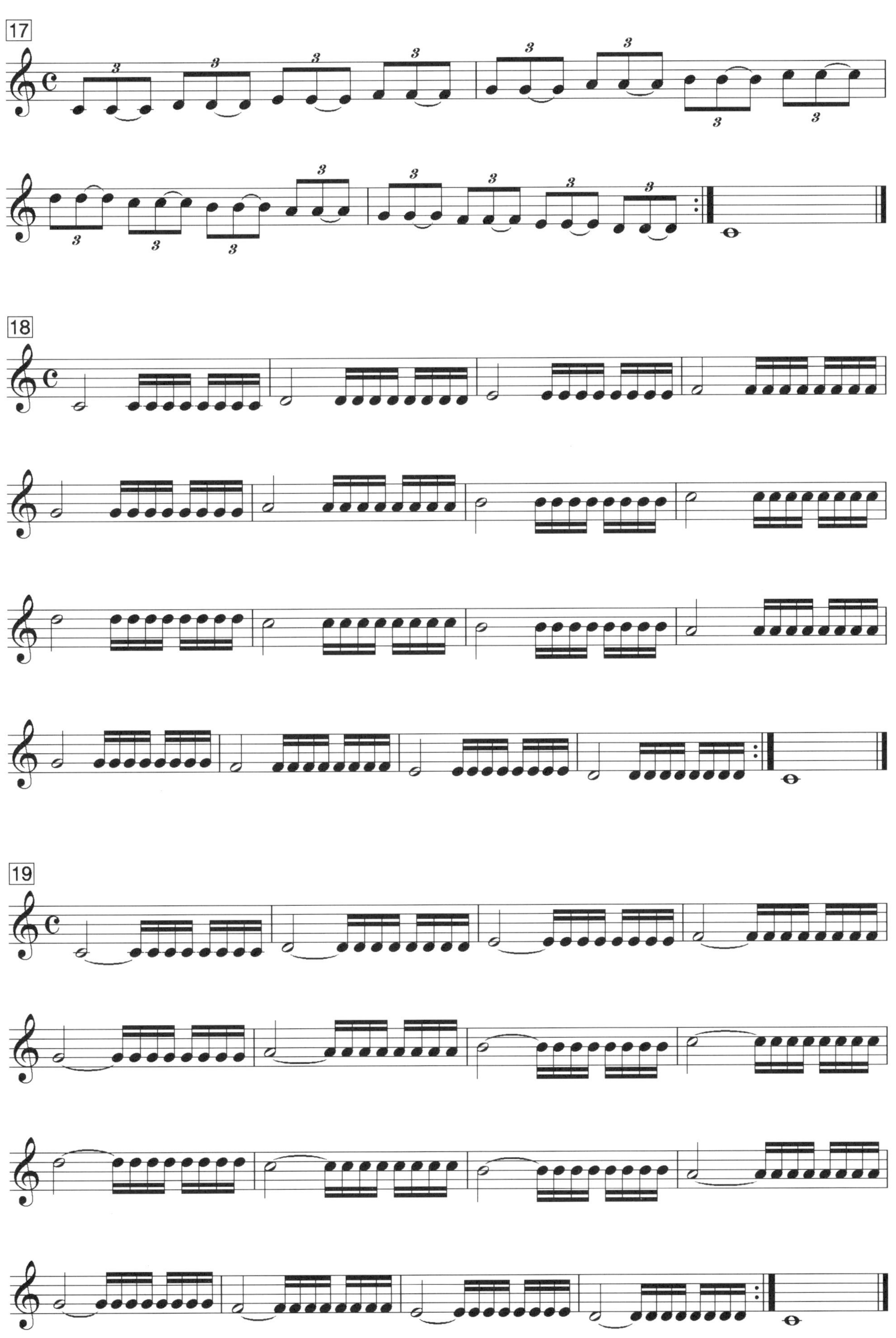
17
3
18
19

20
21
22

23
24
25
26
27
28

29
5
5
5
5
30
6
6
6
6
31
32
33
34
35
36

37
38
39

# 크로매틱 하모니카 테크닉

G-Key

6
7
8
9
10
11

12
13
14
15
3
16
3

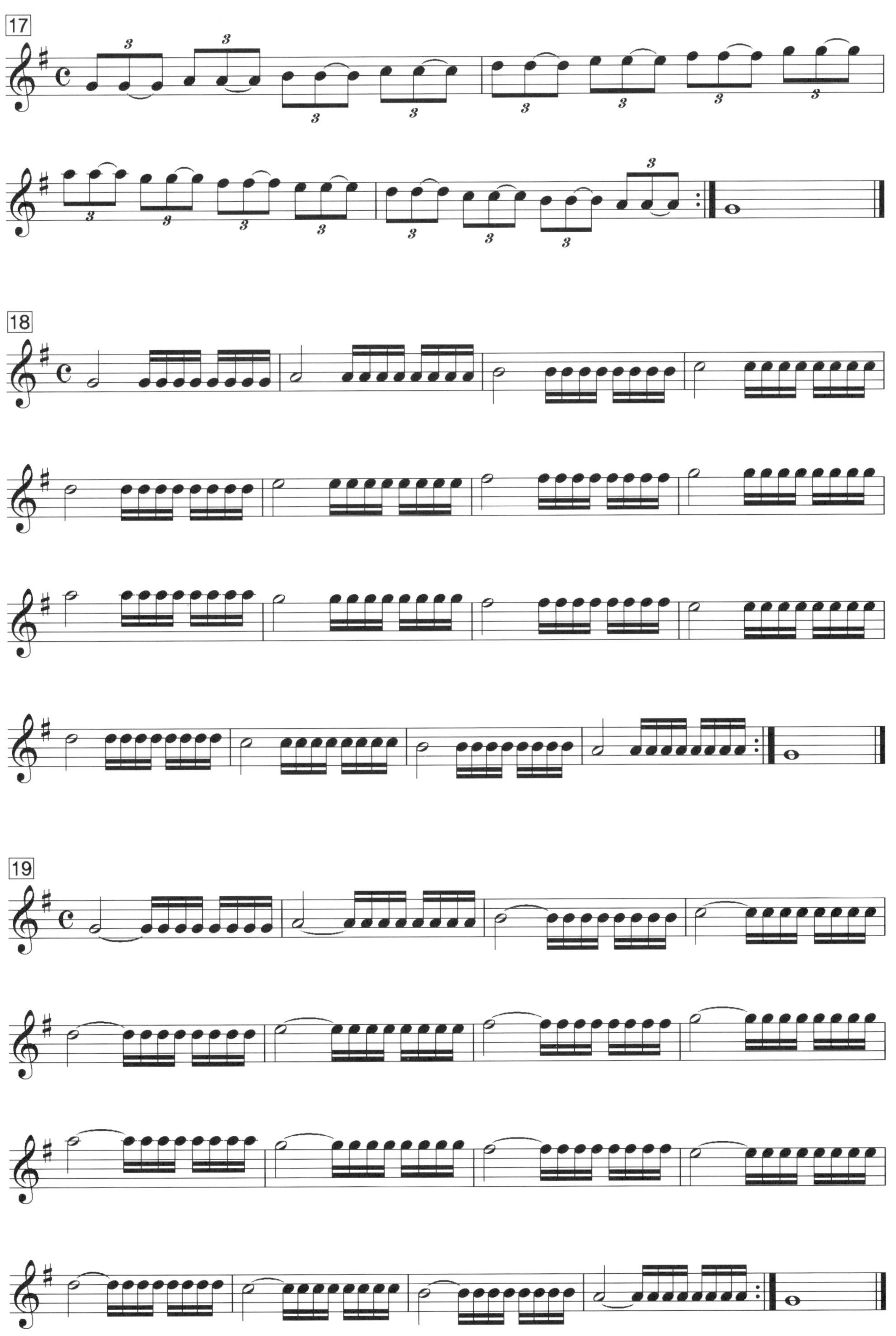
17
3
18
19

20
3
21
3
22
3

23
24
25
26
27
28

29
5
5
5
5
30
6
6
6
6
31
32
33
34
35

# 크로매틱 하모니카 테크닉

D-Key

6
7
8
9
10
11

12
13
14
15
16

17
3
18
19

20
21
22

23
24
25
26
27
28

29
5
5
5
5
30
6
6
6
6
31
32
33
34
35

# 크로매틱 하모니카 테크닉

A-Key

6
7
8
9
10
11

12
13
14
15
16

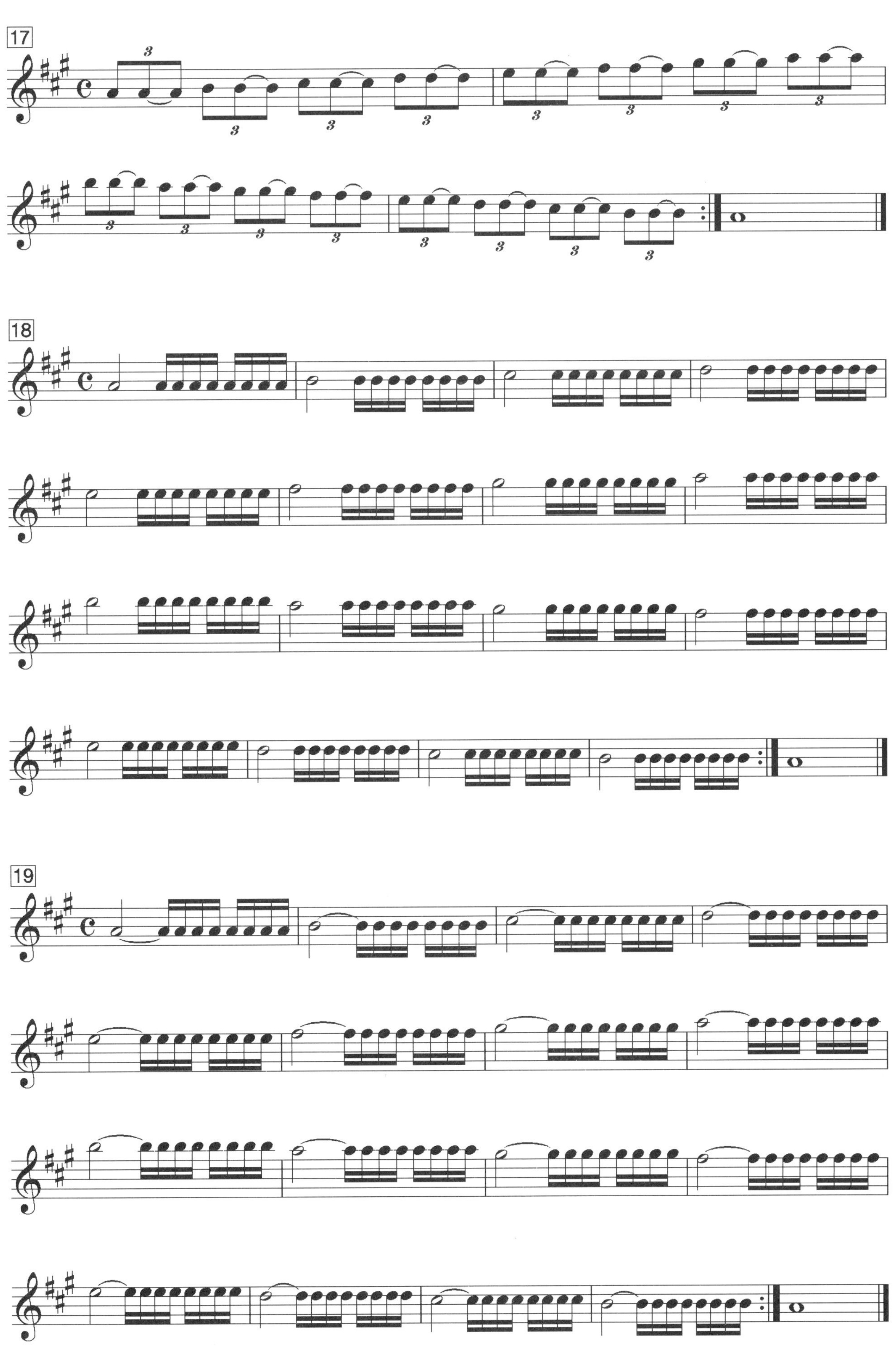
17
3
18
19

20
21
22

23
24
25
26
27
28

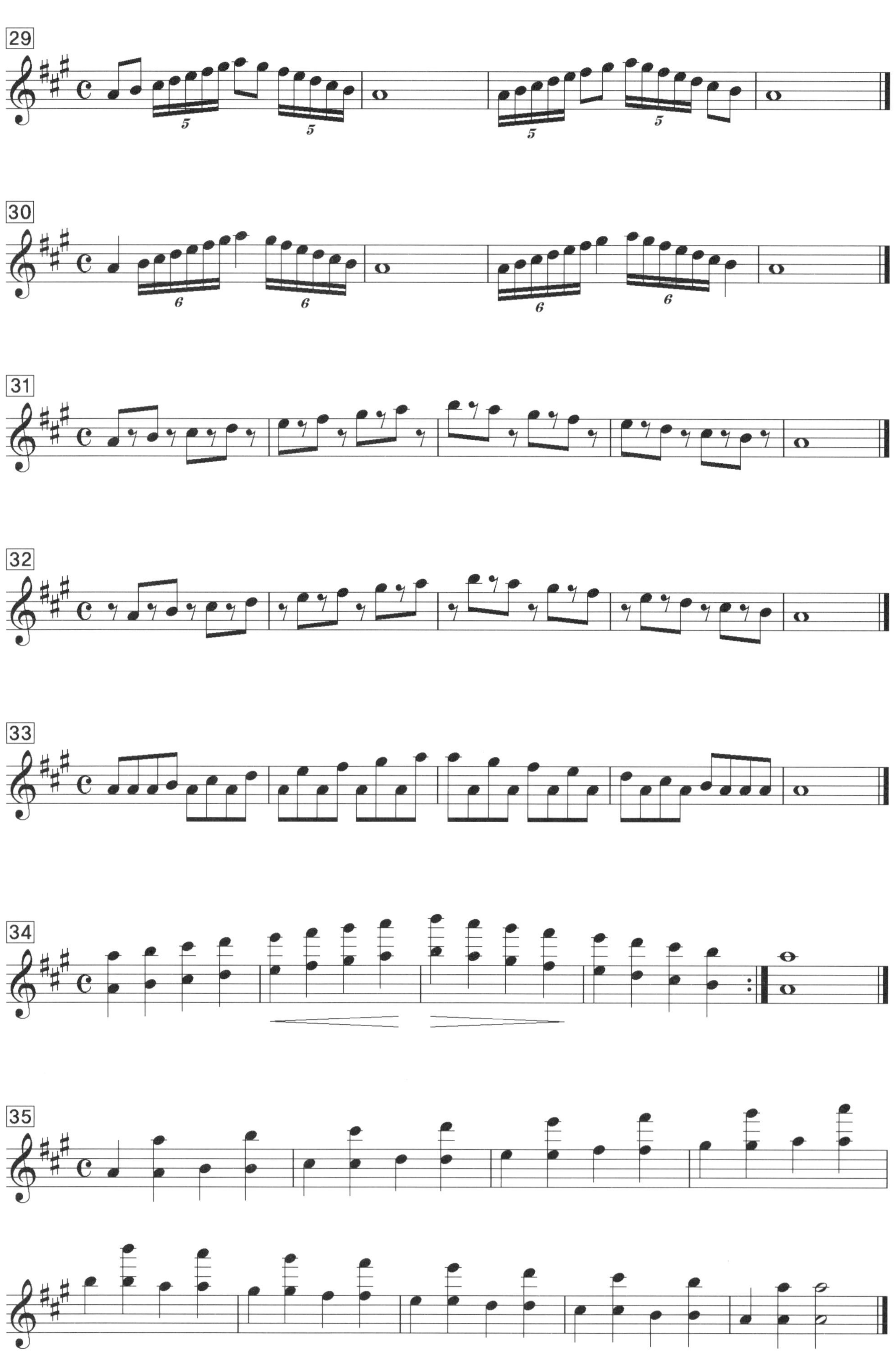

29
5
5
5
5
30
6
6
6
6
31
32
33
34
35

# 크로매틱 하모니카 테크닉

## E-Key

6
7
8
9
10
11

12
13
14
15
16

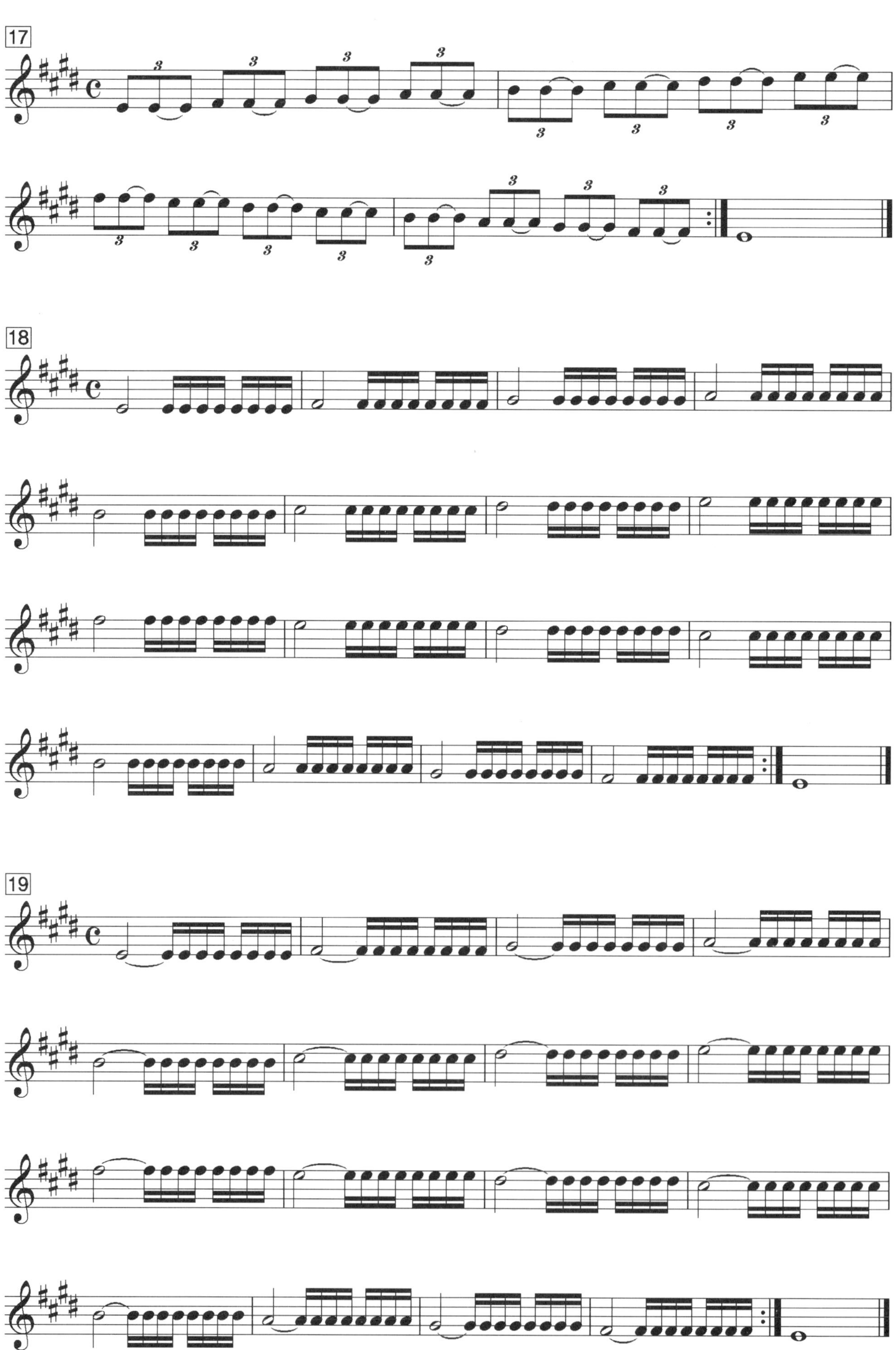
17
18
19

20
21
22

23
24
25
26
27
28

29
5
5
5
5
30
6
6
6
6
31
32
33
34
35

# 크로매틱 하모니카 테크닉

B-Key

6
7
8
9
10
11

12
13
14
15
16

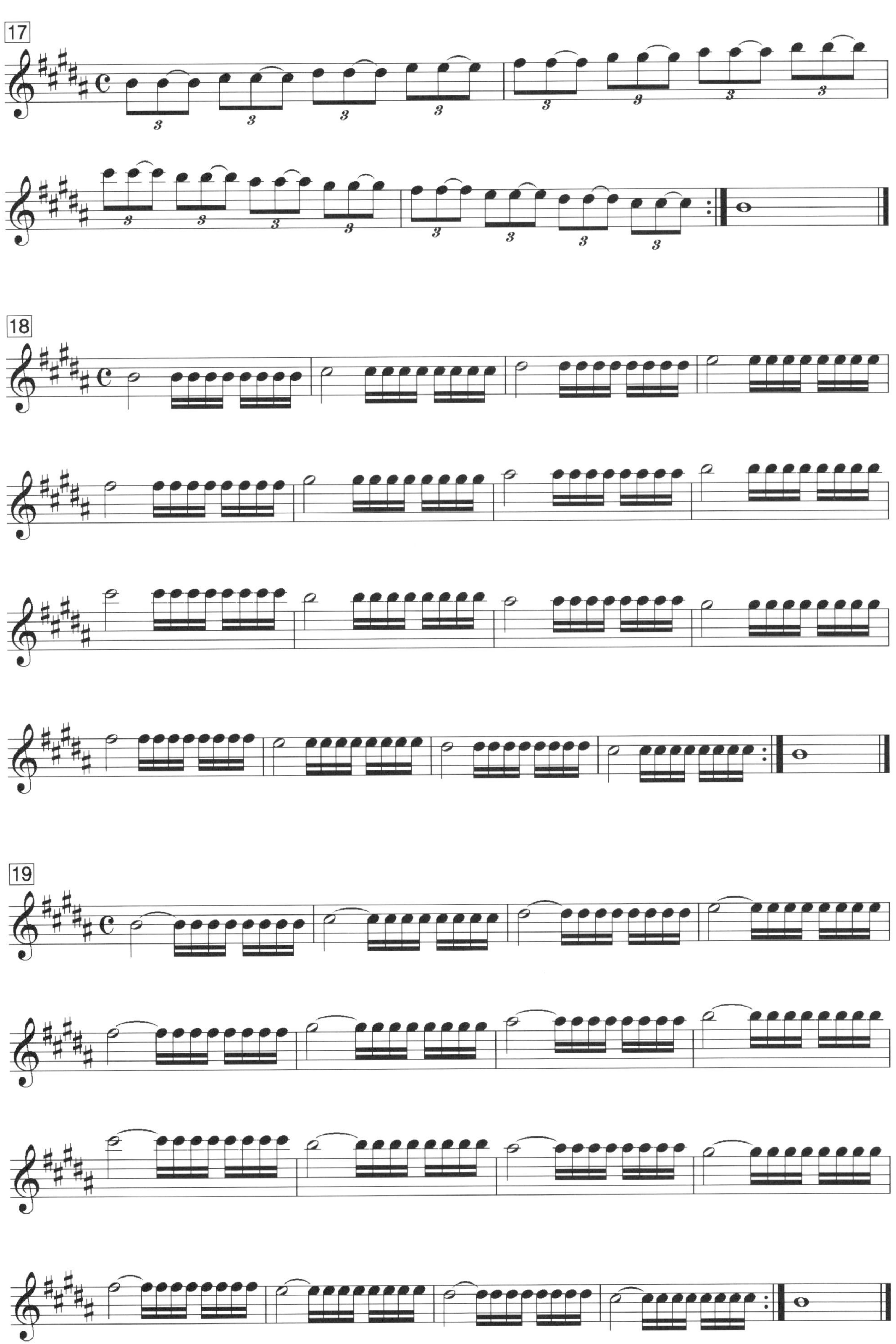
17
3
18
19

20
21
22

23
24
25
26
27
28

29
5
5
5
5
30
6
6
6
6
31
32
33
34
35

# 크로매틱 하모니카 테크닉

F♯-Key

6
7
8
9
10
11

12
13
14
15
3
16
3

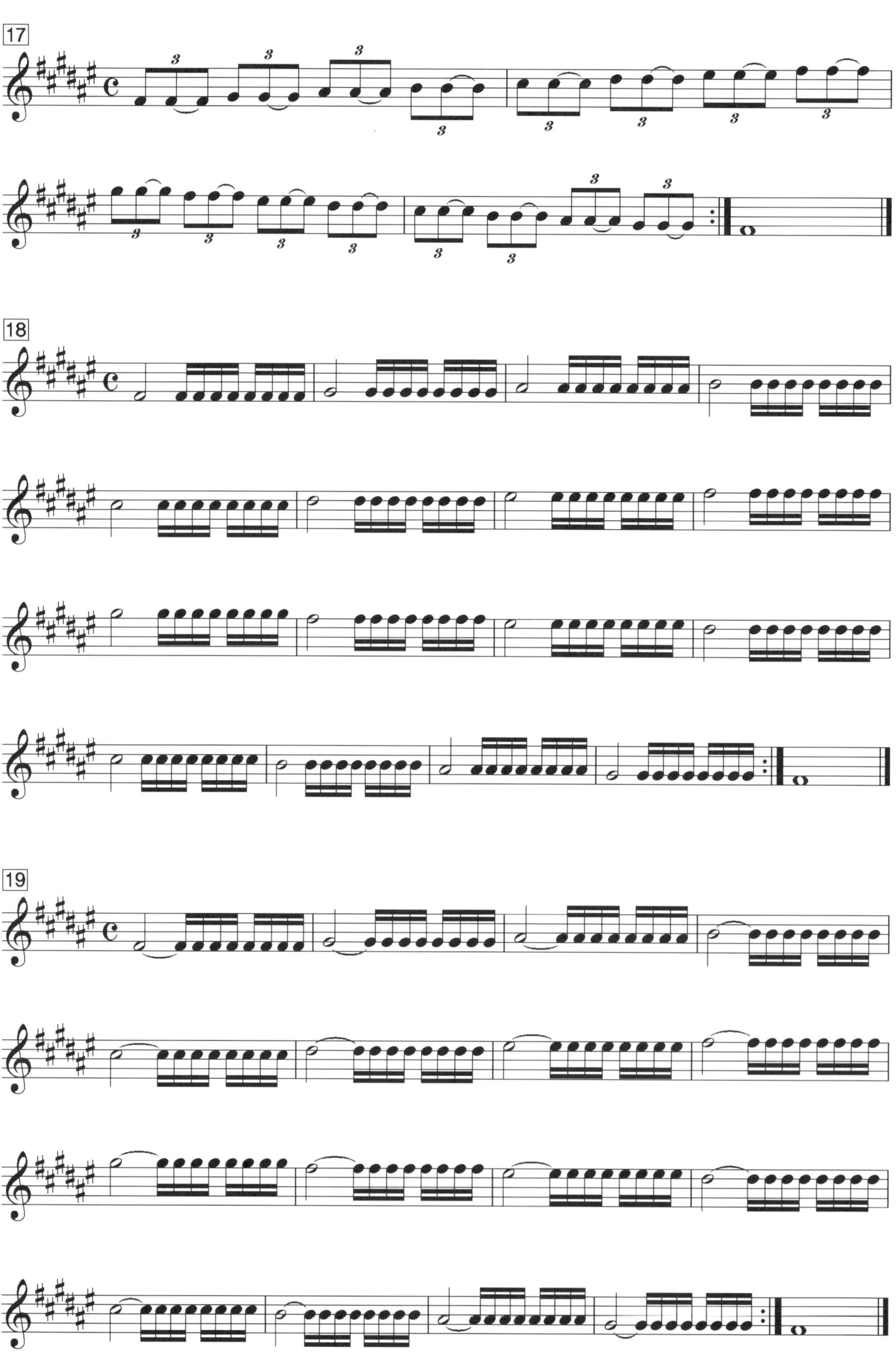
17
3
18
19

20
21
22

23
24
25
26
27
28

29
5
5
5
5
30
6
6
6
6
31
32
33
34
35

# 크로매틱 하모니카 테크닉

C♯-Key

6
7
8
9
10
11

12
13
14
15
16

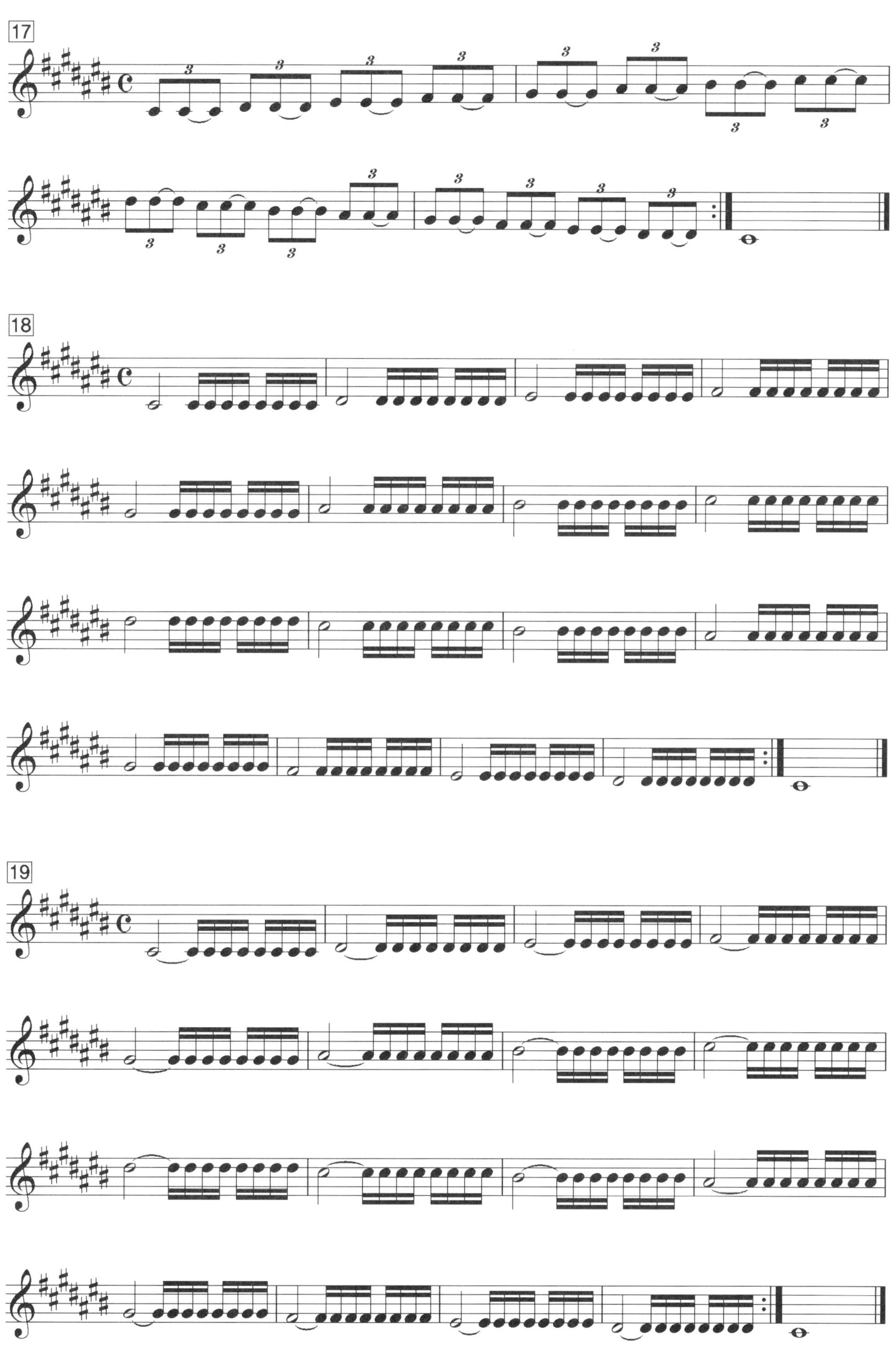
17
3
18
19

20
21
22

23
24
25
26
27
28

29
5
5
5
5
30
6
6
6
6
31
32
33
34
35

# 크로매틱 하모니카 테크닉

F-Key

6
7
8
9
10
11

12
13
14
15
16

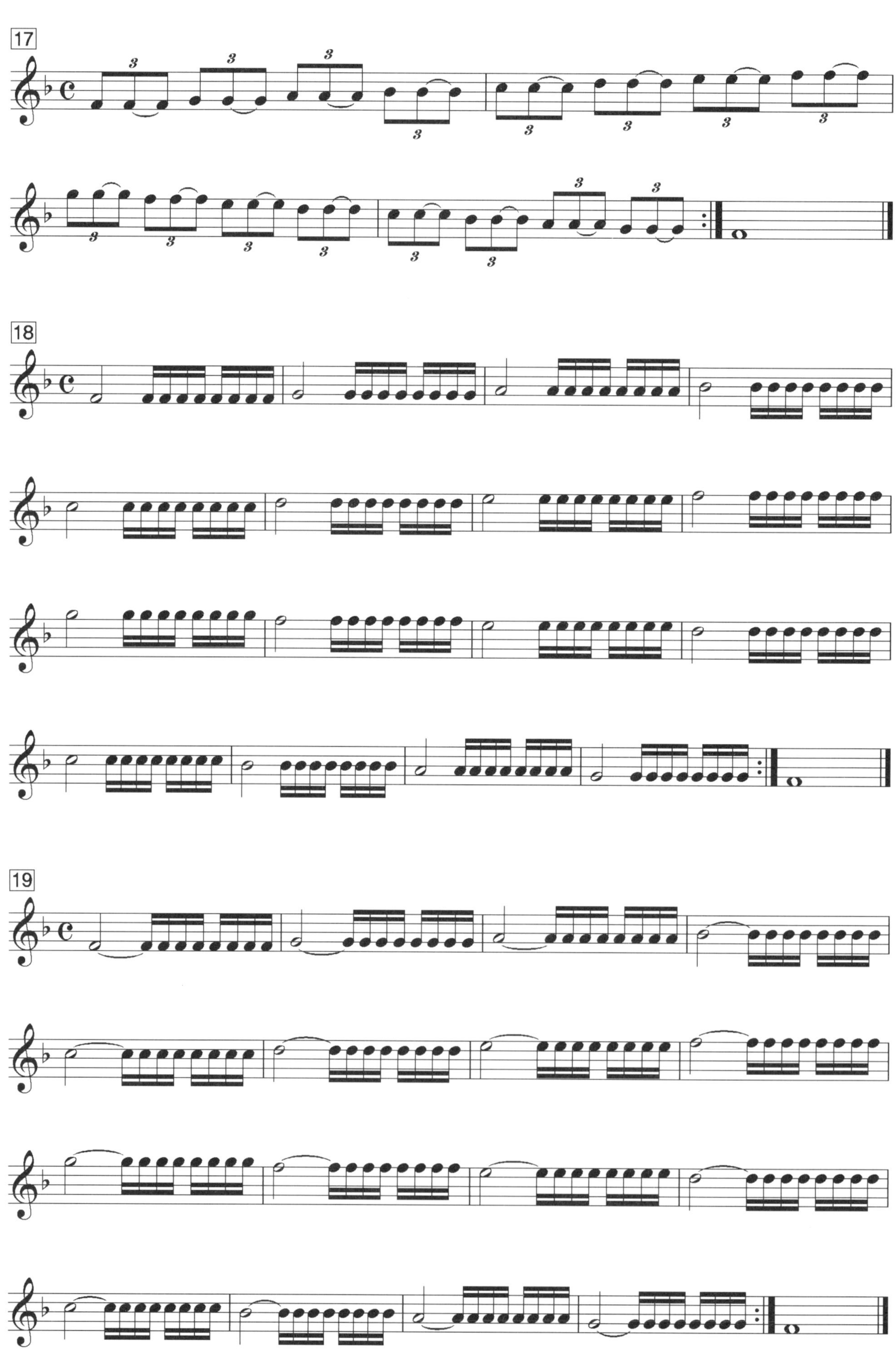
17
18
19

20
21
22

23
24
25
26
27
28

29
5
5
5
5
30
6
6
6
6
31
32
33
34
35

# 크로매틱 하모니카 테크닉

B♭-Key

6
7
8
9
10
11

12
3
13
14
15
16

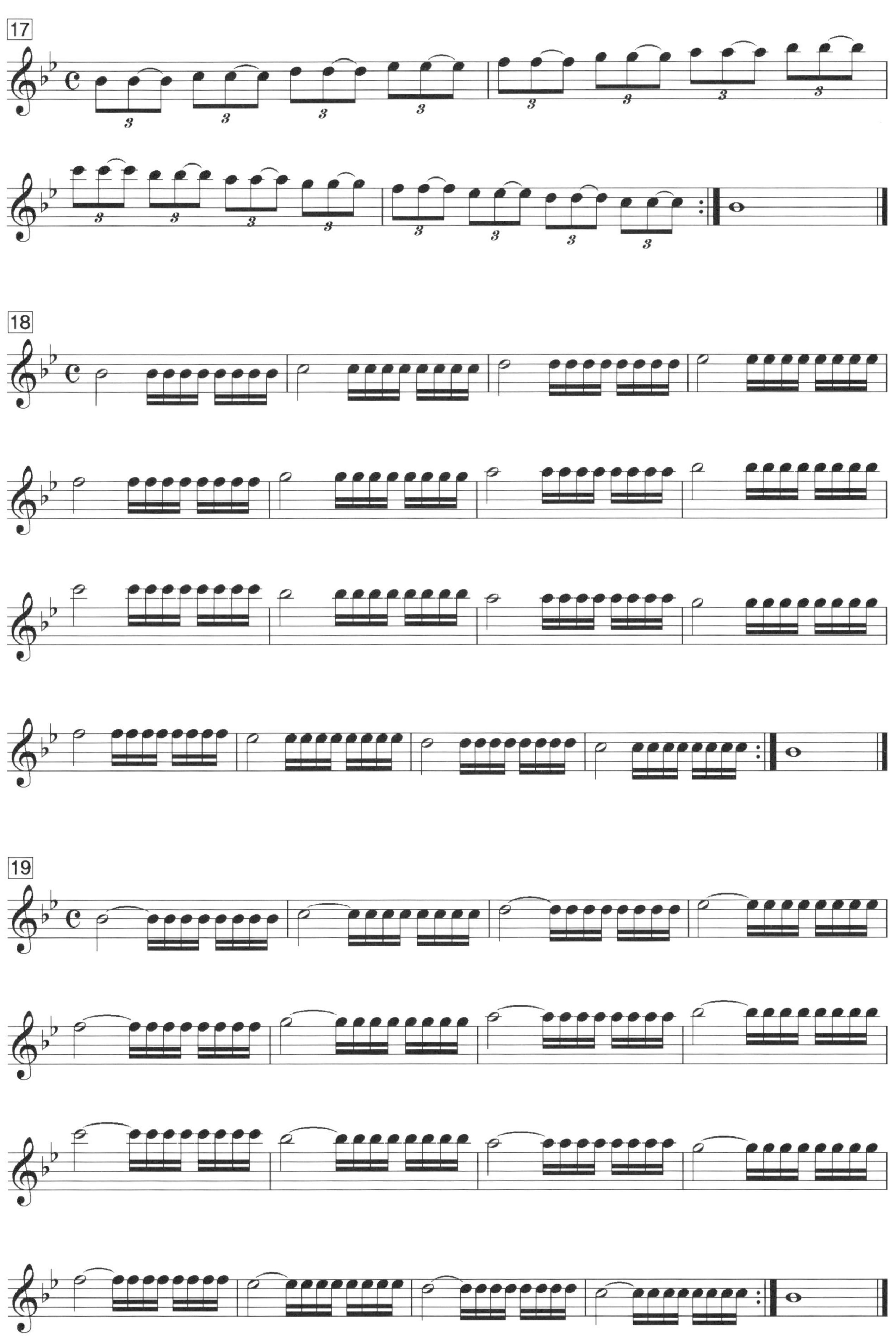
17
3
18
19

20
21
22

23
24
25
26
27
28

29
5
5
5
5
30
6
6
6
6
31
32
33
34
35

# 크로매틱 하모니카 테크닉

E♭-Key

6
7
8
9
10
11

12
13
14
15
16

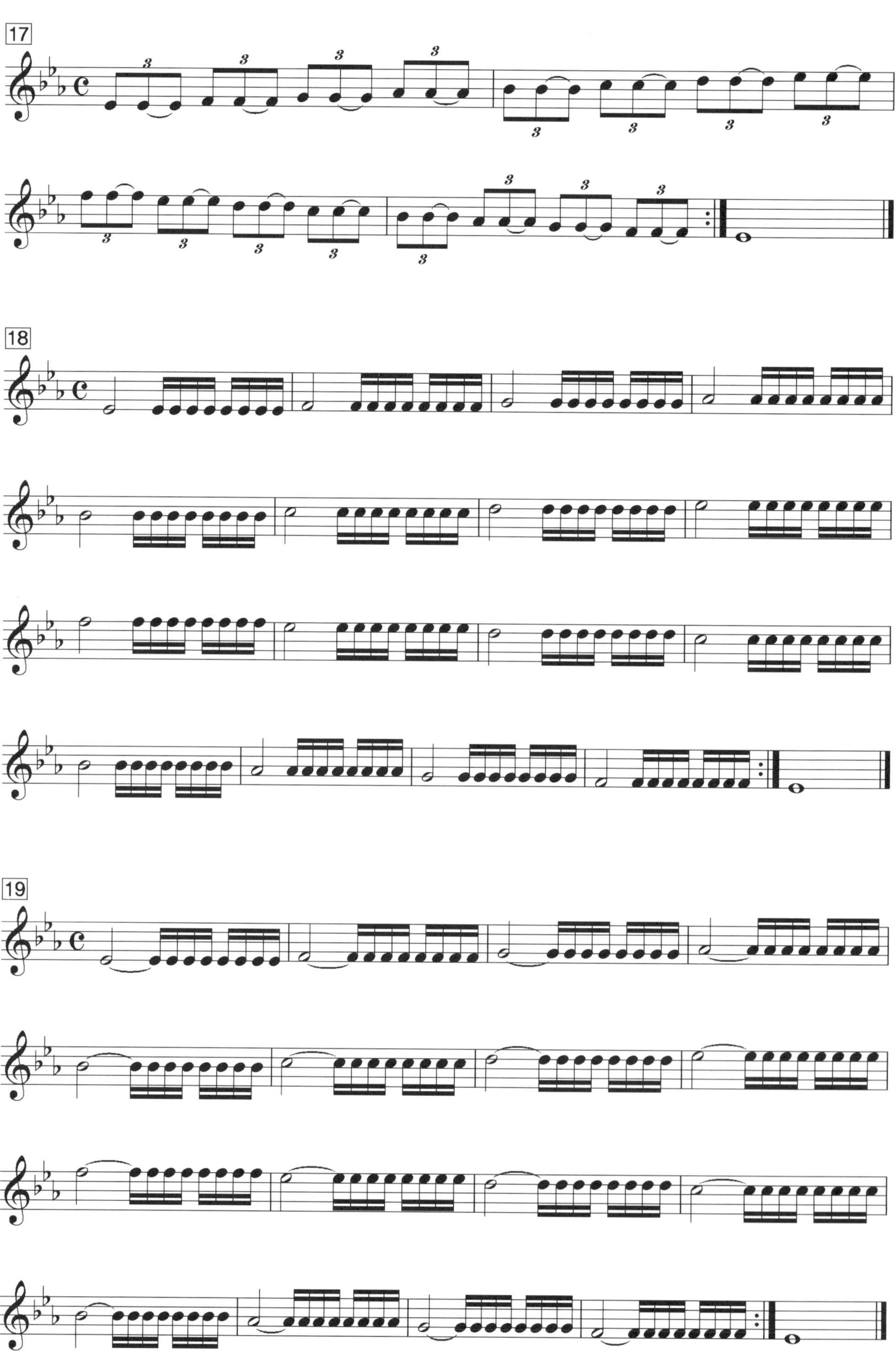
17
3
18
19

20

23
24
25
26
27
28

29
5
5
5
5
30
6
6
6
6
31
32
33
34
35

# 크로매틱 하모니카 테크닉

A♭-Key

6
7
8
9
10
11

12
13
14
15
16

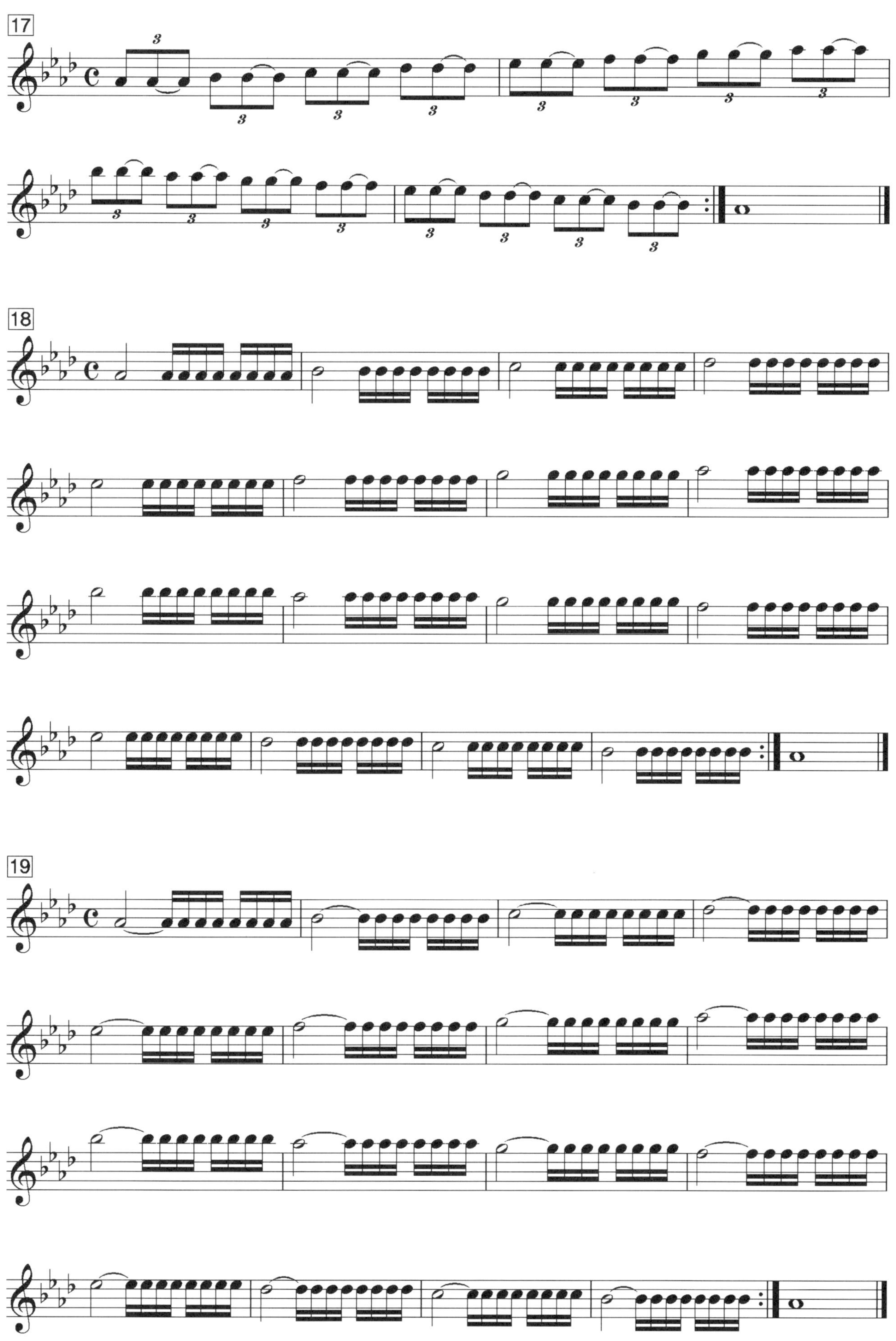
17
18
19

20
21
22

23
24
25
26
27
28

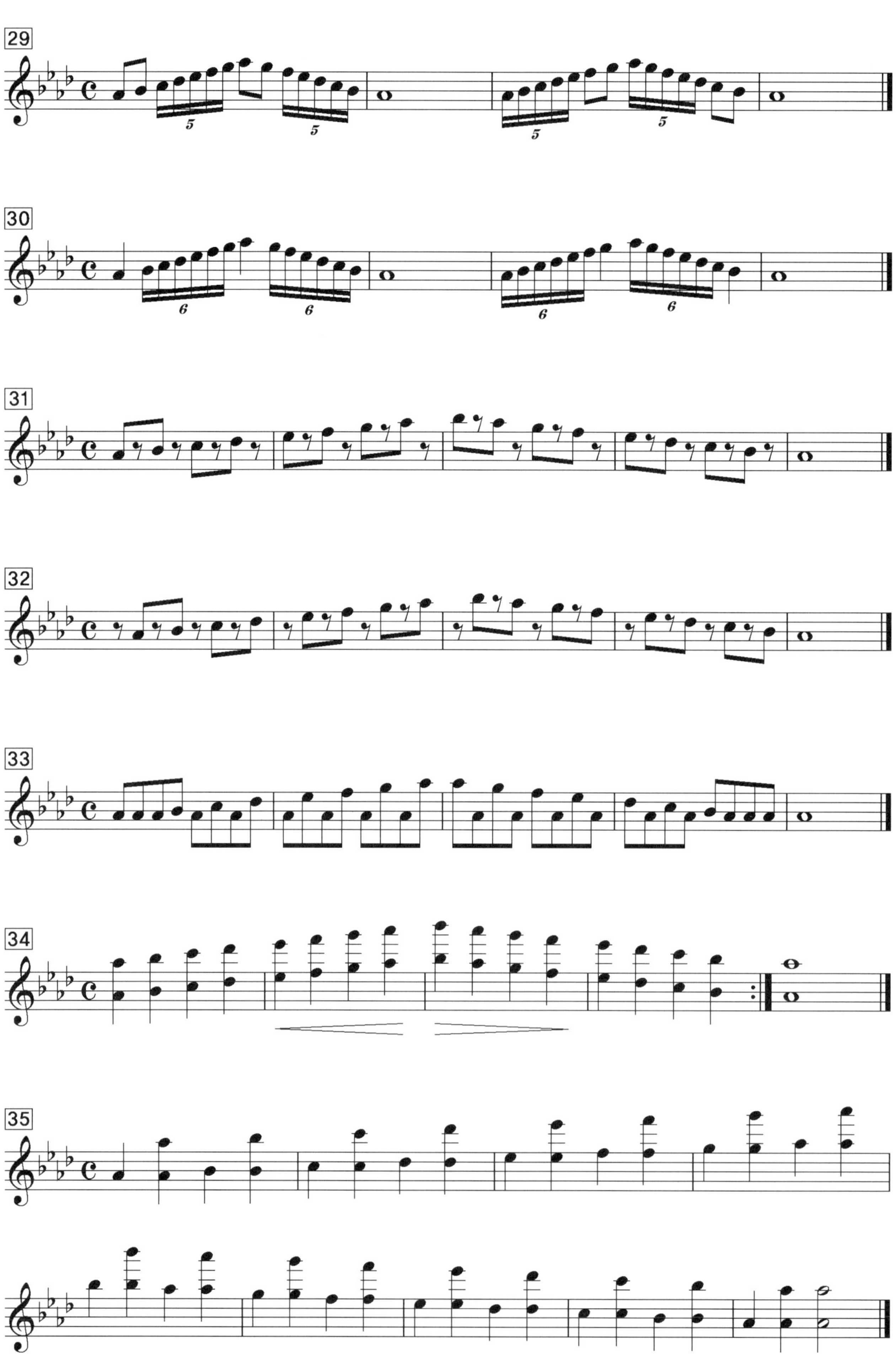
29
5
5
5
5
30
6
6
6
6
31
32
33
34
35

# 크로매틱 하모니카 테크닉

D♭-Key

6
7
8
9
10
11

12
13
14
15
16

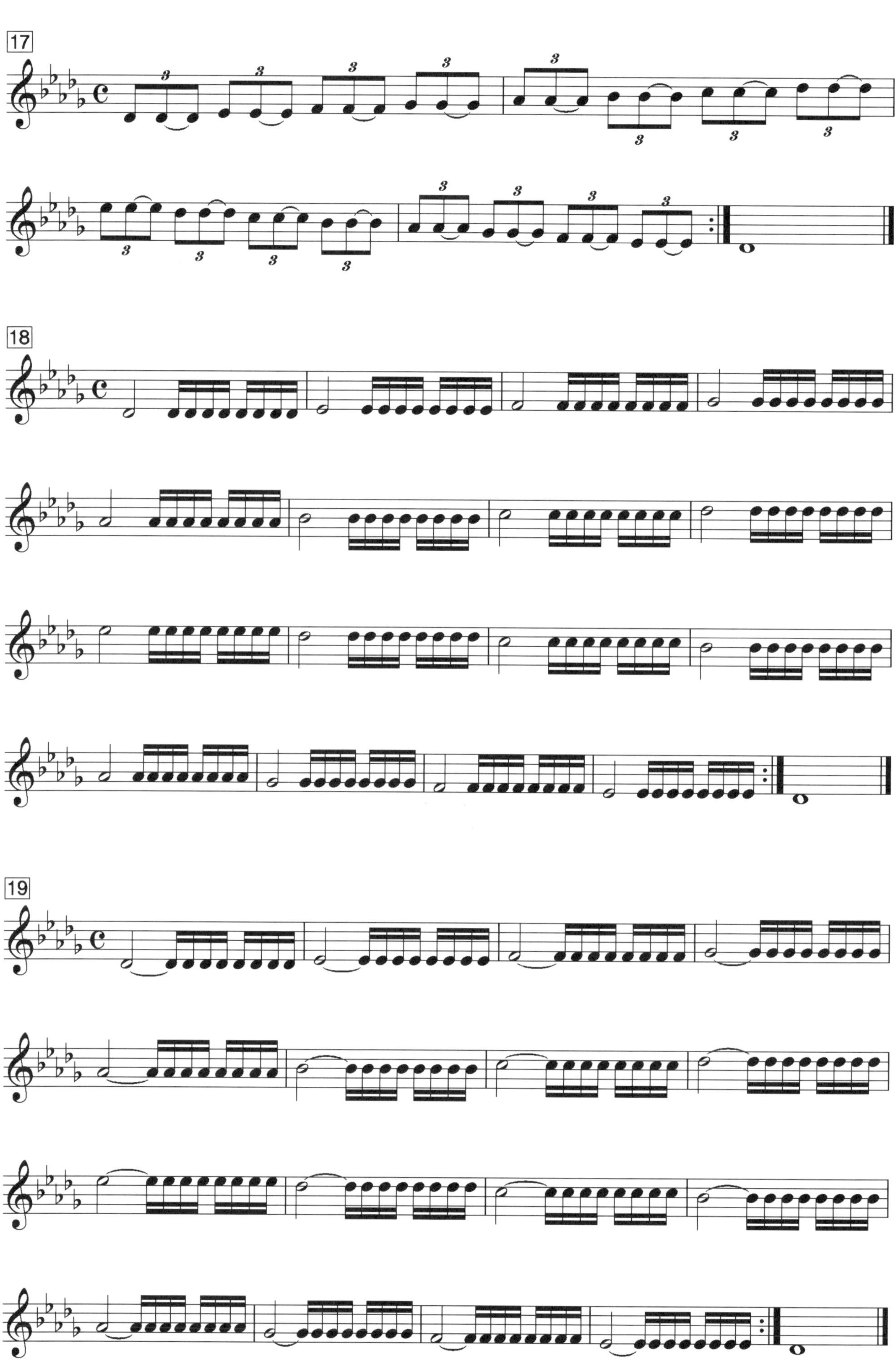
17
3
18
19

20
21
22

23
24
25
26
27
28

29
5
5
5
5
30
6
6
6
6
31
32
33
34
35

# 크로매틱 하모니카 테크닉

G♭-Key

6
7
8
9
10
11

12
13
14
15
16

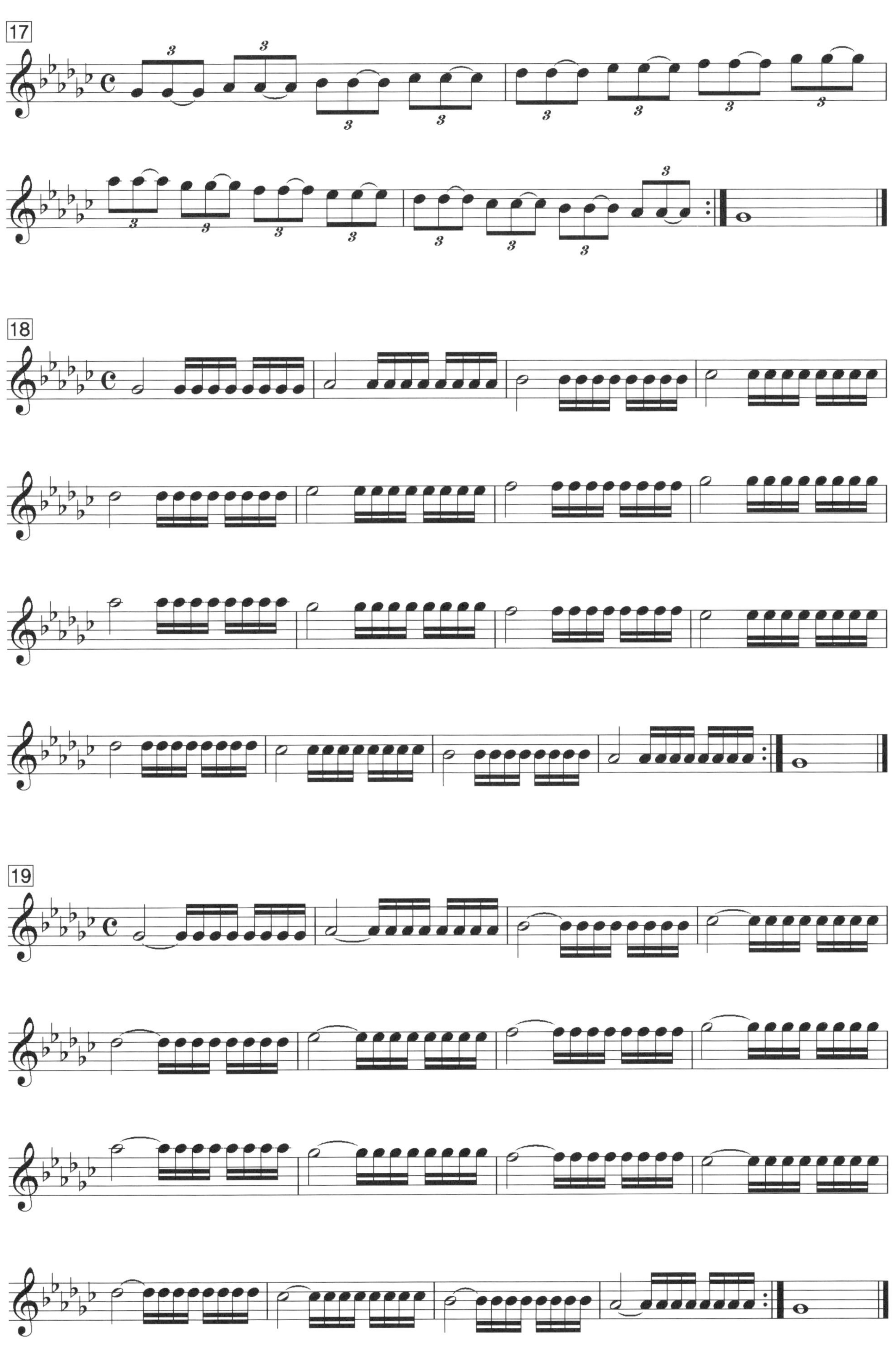
17
3
18
19

20
21
22

23
24
25
26
27
28

29
5
5
5
5
30
6
6
6
6
31
32
33
34
35

# 크로매틱 하모니카 테크닉

C♭-Key

6
7
8
9
10
11

12
13
14
15
16

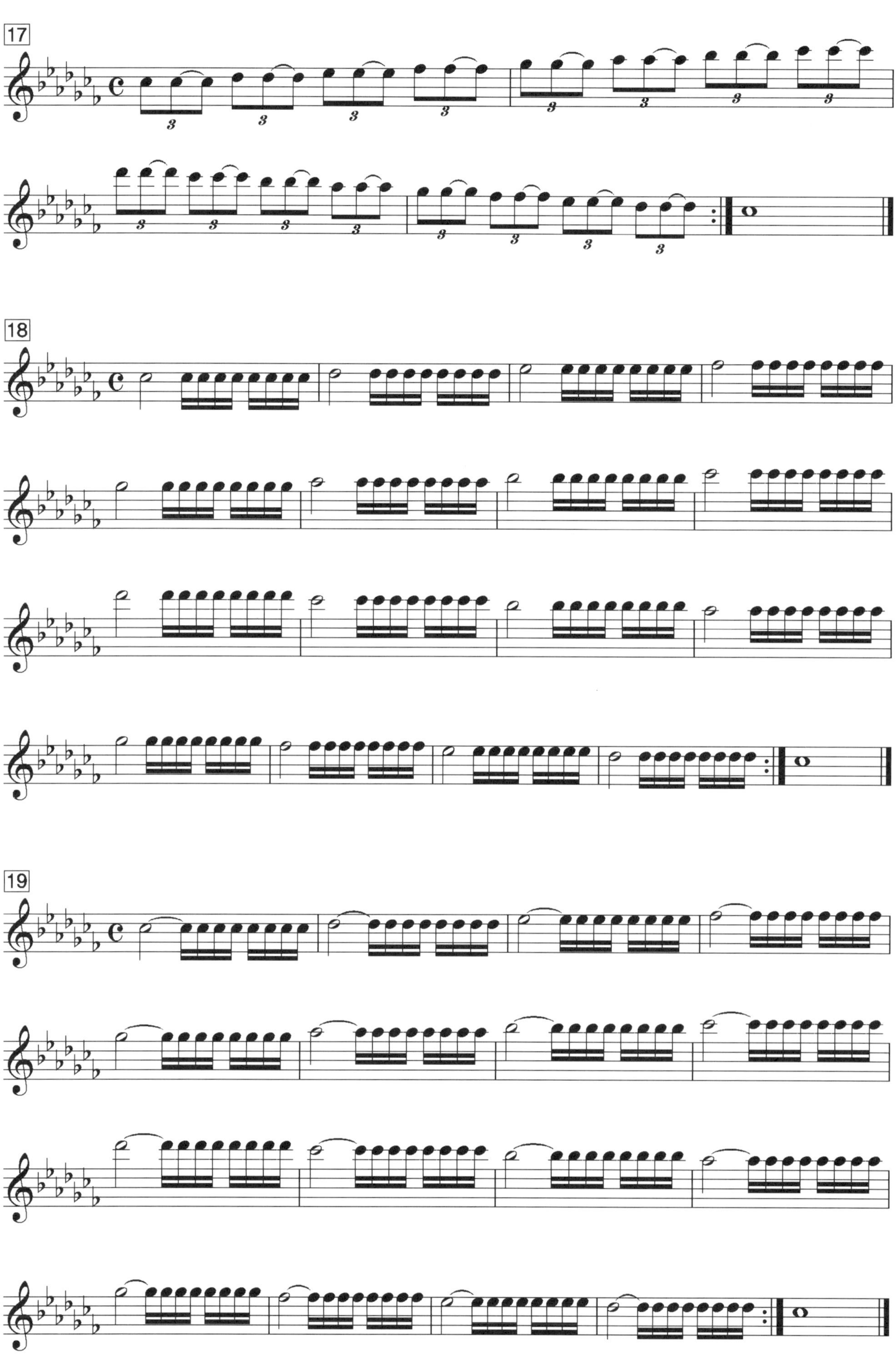
17
18
19

20

21

22

23
24
25
26
27
28

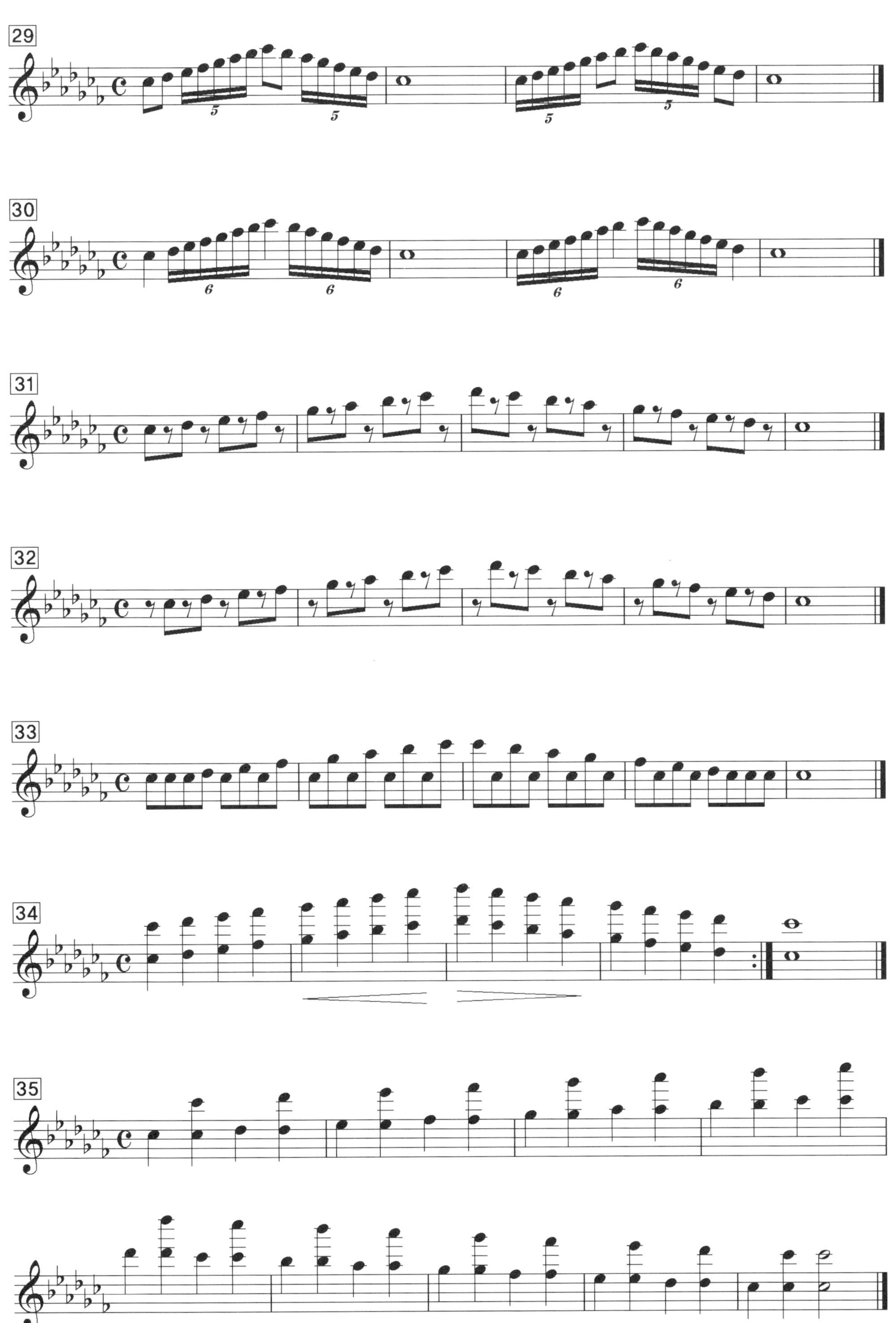
29
5
5
5
5
30
6
6
6
6
31
32
33
34
35

Basic Application Chromatic
Harmonica Textbook

**기본 응용 크로매틱 하모니카 교본**

---

**초판 1쇄 인쇄** 2025년 2월 3일
**초판 1쇄 발행** 2025년 2월 17일

**공 저** 신경재 신주연
**사 보** 이은경
**펴낸이** 김재광
**펴낸곳** 솔과학
**편 집** 다락방
**영 업** 최회선
**표 지** 김강훈
**본 문** miro1970@hotmail.com
**등 록** 제02-140호 1997년 9월 22일
**주 소** 서울특별시 마포구 독막로 295번지 302호(염리동 삼부골든타워)
**전 화** 02)714-8655
**팩 스** 031)422-4656
**E-mail** solkwahak@hanmail.net

출판 Flash on KOMCA 한국음악저작권협회 017882434

ISBN 979-11-92404-97-4 93670


값 25,000원